DA IMPOSSIBILIDADE DE
VIVER SEM MENTIR

IRMTRAUD TARR KRÜGER

DA IMPOSSIBILIDADE DE
VIVER SEM MENTIR

Tradução
MARIA CLARA CESCATO

EDITORA PENSAMENTO
São Paulo

Título do original:
Von der Unmöglichkeit, ohne Lügen zu leben

Copyright © 1997 by Kreuz Verlag, Zurique

Edição
1-2-3-4-5-6-7-8-9

Ano
98-99-00-01-02

Direitos de tradução para a língua portuguesa
adquiridos com exclusividade pela
EDITORA PENSAMENTO LTDA.
Rua Dr. Mário Vicente, 374 — 04270-000 — São Paulo, SP
Fone: 272-1399 — Fax: 272-4770
E-MAIL: pensamento@snet.com.br
http://www.pensamento-cultrix.com.br
que se reserva a propriedade literária desta tradução.

Impresso em nossas oficinas gráficas.

SUMÁRIO

Introdução 7

Parte I: O que é o fenômeno da mentira 13

Mentira – a verdade maquilada 15
Há mentiras e mentiras... 20
Por que mentimos? 23
Mentira e Consciência 28

Parte II: Lista alfabética das mentiras, ou: alfabeto da mentira 35

Amizade 37
Amor 40
Bravatas 45
Desculpas 51
Doença 54
Drogas 59
Dúvida e delicadeza.. 62
Engano 67
Esquecer – reprimir 69
Evolução 71
Fofoca 74
Frieza 79

Hermes 80
Histórias 83
Honestidade 85
Horóscopo 88
Impostura 89
Intriga 93
Ironia 96
Linguagem 100
Maquiagem e moda 105
Medo 108
Mentiras de férias 110
Mentiras infantis 115
Mentiras necessárias 120
Morte 124
Palcos lúdicos 127
Papéis 132
Polidez 137
Provérbios 141
Rituais 144
Televisão 146
Verdade 150
Vítimas 157

Conclusão: Viver no bem 161

INTRODUÇÃO

O conceito de "mentira" é muito mais abrangente do que à primeira vista podemos imaginar. É um conceito sobre o qual sempre temos mais e mais coisas a dizer. Existem pessoas que nunca mentiram? É pouco provável. A mentira é parte integrante de nossa existência. Poderíamos parafrasear o *cogito ergo sum* — penso, logo existo — de Descartes da seguinte forma: "Sou alguém para quem mentem, logo existo"; e também: "Minto e desmascaro mentiras, logo me preservo". A língua transforma em conceito a diversidade das coisas ao nosso redor. Desse modo, poucas palavras têm um número tão grande de sinônimos quanto a mentira. Um verdadeiro delírio de roupagens desdobra-se nesse conceito multifacetado: nós enganamos, contamos lorotas, distorcemos, falsificamos, adulteramos, dissimulamos, trapaceamos, ludibriamos, fraudamos, exageramos, deformamos, deturpamos, blefamos, encobrimos, fingimos, induzimos ao erro, burlamos.

Inicialmente, quando buscava saber "o que é" o fenômeno da mentira, eu estava apenas curiosa. Somente mais tarde percebi que havia deparado com um fenômeno que em última análise abrangia toda a vida do ser humano, em sua humanidade e em sua desumanidade — do amante ao carrasco. A mentira existia mesmo no paraíso. Ela não é um fenômeno que teria surgido num período tardio do desenvolvimento da cultura — ela aparece também na natureza e na vida selvagem, de modo que poderíamos igualmente dizer: viver significa mentir.

A mentira não é um tabu nos dias de hoje. Pelo menos era o que me parecia a princípio. No entanto, sempre que me dispunha a falar sobre ela, tanto em minhas palestras para o público em geral quanto nas conversas com amigos ou mesmo no círculo familiar, eu descobria coisas curiosas. Perguntavam-me se eu não preferiria mudar o título para um outro "mais digerível", para evitar o nome feio "mentira", ou talvez um tema próximo ... "e, por favor, com justificativas atenuantes!" As muitas discussões e perguntas com que deparei em todo o percurso até chegar a este livro revelam claramente uma coisa: o tema é bastante atual. E sobre aquilo que não se pode falar abertamente — pode-se aqui seguir a proposição de Wittgenstein, modificando-a um pouco: "... deve-se escrever".*

"Por que está interessada nesse tema?" "Não consigo me lembrar da última vez em que menti." "Bem, eu desmistifiquei a mentira para mim mesmo: ela não é mais um problema para mim." Vezes incontáveis tive de ouvir observações desse tipo, como se estivesse andando de um lado para o outro, entre o confessionário e o voyeurismo. Pelo menos sobre a mentira as pessoas poderão falar abertamente — eu esperava —, mas tive de verificar, vez após vez, que esse tema está tão impregnado de vergonha e medo e é de tal forma complexo que durante minha pesquisa fui adentrando cada vez mais num labirinto, onde muitas vezes a única coisa que restava a fazer era fugir em busca de uma saída segura.

A mentira não é, como supõem algumas mentes ingênuas ou hostis ao conhecimento, um problema de pessoas confusas, imorais ou perturbadas como narcisistas. Ela diz respeito a todos nós. Está ligada à "função da verdade" que está em vigor em nossa cultura e ao modo como concebemos nosso mundo e nossa vida. Dessa

---

* A proposição original de Wittgenstein é: "Sobre aquilo que não se pode falar, deve-se calar." (N.T.)

forma, não tem sentido exigir que se diga a verdade e se aja de acordo com ela, a qualquer custo. Isso é simplesmente impossível.

Também não podemos fechar os olhos ao fato de que vivemos numa época em que impera a mentira e a prática de enganar. Sobretudo a mentira da mídia, que nos cerca dia e noite: as imagens manipuladas eletronicamente que tornam agora possível enganar com perfeição, pois a ação do *mouse* não deixa rastros, as transmissões de televisão censuradas e as notícias apresentadas em cores, os filmes pornográficos e de mau gosto, simulando um erotismo estético. Nosso mundo social não subsiste sem a simulação, a mentira, o engano; ao que parece, ele só pode funcionar sobre um tecido intricado e inextricável de mentiras, onde o "faz-de-conta" se tornou o padrão universal de comportamento, para atenuar as agruras da nossa existência. Como ainda podemos continuar inocentes no interior desse tecido de simulação e deslealdades? Talvez precisemos de ambas as coisas: verdades e mentiras. Com relação às mentiras, nós evidentemente temos necessidade das que nós mesmos precisamos forjar e inventar e não das que nos são contadas.

Imaginemos a situação inversa: um mundo em que em lugar das mentiras imperasse uma impiedosa sinceridade e uma implacável manifestação de nossos sentimentos. É quase impossível imaginar uma inovação mais cruel e destrutiva, pois, na verdade, precisamos do jogo do esconde-esconde, do disfarce, do faz-de-conta, para que nossa convivência e sobrevivência possam ser relativamente suportáveis. Se todos tivessem conhecimento de tudo, se todos apenas recebessem o que merecem e se apenas as dimensões política, moral e ética predominassem na comunidade humana, muito provavelmente iríamos congelar em meio à frieza e ao desamor que constituiriam essa sociedade impiedosa e fria.

O não-saber, o engano, a mentira e o segredo oferecem uma proteção salutar, que garante uma certa previsibilidade e permite que não saibamos de tudo sobre nós mesmos e sobre os outros, pois, caso contrário, muito pouco afeto seria possível entre as pessoas. No entanto, tudo seria mais fácil se não fechássemos os olhos e ouvidos a esse fato e, em vez disso, procurássemos ouvir, olhar e percebermos uns aos outros, para entender por que agimos assim.

Este livro decepcionará leitoras e leitores que esperam dele uma orientação sobre mentiras sagazes ou dicas e receitas práticas para melhor desmascarar os mentirosos. O objetivo dele não é estimular ou instigar a mentira. Considero inútil tanto tentar desestimular quanto oferecer receitas e orientação para evitar a mentira — do tipo "como me tornar uma pessoa mais honesta?".

As questões que aqui levanto são do tipo: o que é o fenômeno da mentira? Como se mostram suas diferentes facetas? Que papel ela desempenha na nossa cultura? O que procuro focalizar é a força multifacetada, criativa e produtiva da mentira e como nela se expressam certas verdades humanas. Quem trabalha na área da psicoterapia sabe muito bem que o ser humano só consegue mentir porque é um ser que precisa da convivência com outros e, por esse motivo, depende da reciprocidade deles. A mentira é uma relação comunicativa com os outros, e por isso a ela também se vinculam o sofrimento, a decepção e a mágoa que ela pode provocar. Todos nós já passamos pela experiência dolorosa de nos vermos traídos e enganados num relacionamento, e todos vivemos mergulhados no medo de cairmos vítimas da mentira e da traição. Somos obrigados a conviver com esse medo e, apesar dele, ainda assim confiar. Mas talvez a confiança seja mais um modo de conviver com esse medo que um meio de nos livrarmos dele. Meu contato cotidiano com situações críticas e minha experiência clínica com as mentiras em que as pessoas se enredam tornaram possível desenvolver uma espécie de mapa das rotas tortuosas da mentira, um "alfabeto da mentira", para ajudar a decifrar e compreender a linguagem da mentira. A diversidade com que se manifesta o fenômeno da mentira deu-me a idéia de criar um pequeno guia, organizado em ordem alfabética, para servir de orientação quando o contato com a mentira no nosso cotidiano se revelar obscuro e nebuloso. Não é fácil chegar à verdade; é preciso trabalhar laboriosamente para descobri-la. É curioso notar que, no alfabeto, a "verdade" só vai aparecer no final, na letra V. Uma coincidência estranha e reconfortante.

Os leitores que desejarem ampliar seu conhecimento sobre o tema e que estiverem dispostos a examinar a mentira sob seus diversos ângulos e máscaras, vão encontrar neste livro um farto material para sua reflexão.

PARTE I

O QUE É O FENÔMENO DA MENTIRA

MENTIRA — A VERDADE MAQUILADA

O que é uma mentira? Ou, em outras palavras, o que é mentir? Uma pergunta capciosa e desgastada, que aproxima as pessoas que não saberiam dar uma resposta das que não querem buscar resposta alguma. "É um nome feio", diz, embaraçada, uma criança. "É um problema complicado", diz um diretor de teatro, "pois eu poderia responder com uma mentira." "Sobre isso eu não falo", diz uma estudante. "É o ópio do povo", diz um político. As opiniões sobre a mentira dariam material para um livro enorme e poderiam ser resumidas numa afirmação: as pessoas mentem. A mentira faz parte do comportamento humano. Ela se tornou o estado de consciência tacitamente aceito em que nos encontramos imersos — na verdade, em dois sentidos: como medo ou desconfiança de sermos enganados e como predisposição para mentir e deixar que os outros mintam para nós.

Voltando à pergunta: que tipo de ação envolve a mentira? Para respondê-la, vamos recorrer ao "pai da pesquisa sobre a mentira", Santo Agostinho, o primeiro a analisar a mentira.[1] De acor-

---

1. Agostinho, Aurélio, *A mentira (De mendacio)*. *Contra a mentira (Contra mendacium)*. Cap. 4. Textos redigidos em 395 d.C. e em 420 d.C. Trad. e notas de P. Keseling, Würzburg, 1953, reimpressão de 1986.

do com ele, a mentira é uma afirmação feita com a intenção de dizer algo falso. Isto é, a pessoa afirma ou diz algo que acha, supõe ou pensa ser falso.[2] A mentira distorce, dissimula ou oculta a verdade. É preciso haver a vontade e a determinação de mentir, pois a mentira é um desvio consciente e deliberado da verdade, uma mensagem propositalmente enganadora, que é expressa de alguma forma. Ela pressupõe que exista a verdade e que também nós a conheçamos.

Existe uma indicação lingüística de que a palavra alemã para mentira, Lüge, teria origem no antigo termo eslavo lovu, que significa saque, e no termo latino lucrum, que significa lucro. Enganamos e mentimos porque queremos ter mais ou ser diferentes do que somos; porque queremos progredir e conseguir vantagens; porque não estamos satisfeitos com a nossa sorte, pois a vida nunca é suficiente para satisfazer os desejos humanos. Na origem de toda mentira pulsam um anseio e um desejo. Para satisfazer esse desejo, dissimulamos, distorcemos e destruímos a verdade, contamos histórias, adornamos nossas experiências, atenuamos os fatos e tentamos parecer mais do que somos.[3] Segundo Erich Wulffen, um ex-promotor público da cidade de Dresden, a origem da mentira está no próprio aparato instintivo do ser humano. A natureza nos teria equipado, como também aos animais, com um instinto básico de dissimulação, para auxiliar nosso instinto de conservação.[4] É essa a regra empírica que torna possível a mentira.

Em geral, as ações de mentir e enganar são consideradas como equivalentes, pois na base de ambas está a intenção de induzir ao erro. Não é possível mentir ou enganar sem intenção. Mas a ação de enganar, ao contrário da mentira, inclui o êxito da ação de induzir ao erro. Para enganar, a pessoa deve produzir uma convicção

---

2. Cf. Falkenberg, Gabriel, Lügen. Grundzüge einer Theorie sprachlicher Täuschung. Tübingen, 1982, p. 71.
3. Cf. Baruzz, Arno, Philosophie der Lüge. Darmstadt, 1996, p. 28.
4. Wulffen, Erich, Die Psychologie des Hochstaplers. Leipzig, 1923.

falsa na outra, enquanto para mentir é suficiente que o mentiroso acredite estar dizendo algo falso. Tomemos um exemplo: uma pessoa pede informações sobre a estação ferroviária. Seu interlocutor mente e maldosamente fornece indicações falsas. No entanto, as indicações acabam se revelando corretas, pois a pessoa que deu as informações não conhece muito bem o trajeto. Assim, o mentiroso tinha a intenção de enganar a outra pessoa. O insucesso de sua tentativa de enganar não muda em nada o fato de ele ter mentido. No caso da ação de enganar, ao contrário, a convicção produzida na outra pessoa tem de ser falsa. Assim, mentir não significa necessariamente o mesmo que enganar: para mentir basta ter a intenção de enganar. Em resumo, toda mentira é uma tentativa deliberada de enganar.[5]

Muitas pessoas evitam a palavra mentira, às vezes com muito cuidado, como se fosse uma invocação capaz de atrair calamidades ou algo suspeito. Elas se sentem constrangidas em exprimir sua desaprovação, e em vez disso esquivam-se com eufemismos como "não corresponder exatamente à verdade", "não se ater à verdade", "contar lorotas", "burlar", "pregar uma peça", "ludibriar". As duas primeiras expressões não são apropriadas, pois o contrário do verdadeiro não é a mentira, mas sim o falso. E inversamente — o contrário de mentira não é a verdade, mas sim a sinceridade, porque na sinceridade existe a possibilidade do erro, como revelou o exemplo dado. Assim, pode-se dizer que tanto quem busca a verdade quanto o mentiroso querem evitar o erro, com a diferença de que quem busca a verdade busca afirmações que sejam verdadeiras. Dessa forma, também não é necessário conhecer a verdade para julgar se algo é uma mentira ou não, é suficiente acreditar que algo é verdadeiro e afirmar isso como verdade.

Se observarmos mais atentamente a definição de mentira, veremos que sempre se trata simultaneamente de uma coisa e de uma

---

5. Cf. Falkenberg, Gabriel, *loc. cit.*, pp. 115 ss.

pessoa, frente à qual se defende algo. A linguagem comum distingue esses dois aspectos com muita exatidão. Ela designa o aspecto da coisa com os termos verdadeiro, correto, de um lado, ou com os termos não-verdadeiro, falso, de outro. O aspecto da pessoa ela designa com os conceitos verdadeiro, honesto e sincero, de um lado, e com os conceitos não-verdadeiro, desonesto, insincero, de outro. Dessa forma, também existe uma diferença entre a não-verdade e a mentira, entre a verdade e a veracidade.

Isso pode ficar mais claro com um exemplo. Quando digo: "O restaurante serve torta de cebola todas as quartas-feiras." Se por alguma razão as cebolas acabarem e por isso eu não puder atender o pedido de um cliente, eu não terei mentido ao fazer essa afirmação, apenas terei dito algo falso. Assim, não fui insincera, apenas disse algo falso. Essa distinção indica o motivo por que a mentira é algo tão problemático: ela solapa a confiança e as expectativas que as pessoas têm com relação umas às outras. Não podemos existir sem um mínimo de confiança nos outros. A confiança é a base psicológica da existência; ela é tão importante quanto o ar que respiramos e a água que tomamos.

Então, por que mentimos, se isso acaba com a confiança recíproca entre as pessoas? Precisamos realmente da mentira? A pergunta já não é por si só demasiado pessimista? Não seria mais apropriado supor que o ser humano busca a verdade devido a uma profunda necessidade interior e reage com a mentira apenas em casos de necessidade, para se defender, para reagir a algo, ou por desapontamento? Infelizmente nada existe que comprove essa tese de uma veracidade intrínseca do ser humano. Mesmo com um conhecimento superficial das múltiplas formas de mentira praticadas no decorrer da história, sobretudo das que cronicamente continuam a ser usadas no presente, podemos perceber que temos em nós um potencial latente para mentir e enganar, ao qual sempre podemos recorrer, não apenas em casos de necessidade ou em momentos de crise, mas também em situações absolutamente livres de perigo. Passemos a palavra a Wilhelm Busch:

"A autocrítica tem muito a seu favor.
Conforme o caso, eu me recrimino,
e, assim, em primeiro lugar, tenho a vantagem
de me mostrar simpaticamente modesto;
em segundo lugar, as pessoas pensam:
esse homem é pura honradez;
em terceiro lugar, eu mesmo faço a crítica
antes de outros a fazerem;
e, em quarto lugar, ainda tenho a chance
de que alguém lisonjeiramente me contradiga.
Assim, ela afinal se revela
um refúgio magnífico."[6]

Com muita propriedade, Wilhelm Busch descreve as vantagens de uma autocrítica em primeiro plano. Aparentemente submissa à verdade, ela, por meio de subterfúgios ou truques, torna possível para a pessoa que a faz receber respostas que lisonjeiramente a contradigam. Embora desde pequenos aprendamos que é moralmente correto dizer a verdade, e até mesmo nocivo ou reprovável ceder à mentira, nós todos recorremos à prática de enganar e mentir. Mentir e enganar, pode-se postular, constituem um dos pilares de nossa vida cotidiana, no qual quase todos nos apoiamos, até mesmo em situações em que não há perigo de desmascaramento. "Todos os cretenses mentem", diz uma antiga versão desse fenômeno, atribuída ao cretense Epimênides. "Ser verdadeiro — são poucos os que conseguem isso! Menos ainda os bons" — diz a versão moderna de Friedrich Nietzsche.[7] Assim, nem na antiguidade existiu nem hoje existe "a verdade". Será que até mesmo nossos preceitos morais são uma conseqüência de nossa inclinação básica para a mentira? Como resultado: "Todos os seres humanos mentem;

---

6. Busch, Wilhelm, *Ausgewählte Werke*. Ueding G. (org.). Stuttgart, 1988, p. 472.

7. Nietzsche, Friedrich, *Assim falava Zaratustra. Das velhas e novas tábuas*. 7.

quem disser o contrário, mente", é o que afirma com todas as letras o título do livro de Peter Stiegnitz, o criador da teoria da mentira, "a mentiologia".[8]

HÁ MENTIRAS E MENTIRAS

Para saber lidar com questões sociais, éticas e morais é preciso entender primeiramente e com muita clareza o que significa mentir, pois o conceito de "mentira" não pode ser facilmente separado de nossas concepções morais. Santo Agostinho (395 d.C.), foi o primeiro a elaborar um catálogo bem organizado de mentiras nocivas e mentiras cultivadas, usando como fio condutor a pergunta: que formas de mentira são toleráveis, aceitáveis, boas ou até mesmo positivas, e quais são más e nocivas? Agostinho foi, dessa forma, o primeiro a mostrar a mentira e a prática de enganar como possibilidades e alternativas para os diferentes tipos de relacionamento, que, desde que não prejudicassem os outros, poderiam conduzir à auto-análise e ao autoconhecimento. Os defensores da ética moralizante podem não se conformar, mas Agostinho defende uma atitude descontraída com relação à mentira e ao desejo de dissimular e disfarçar. A idéia de que as mentiras seriam multifacetadas, interessantes ou até mesmo úteis não é nova de forma alguma. Também as discussões teológicas modernas têm como tema a classificação das mentiras de acordo com sua gravidade. E embora o

---

8. Stiegnitz, Peter, *Alle Menschen lügen ... wer das Gegenteil behauptet, lügt*. Viena, 1994.

Direito alemão, exceto por algumas exceções, não considere a mentira uma ação passível de punições (no Parlamento alemão ela ainda é considerada como transgressão à disciplina), os primeiros decretos proibindo a mentira podem ser encontrados no contexto dos preceitos jurídicos.

Também hoje a mentira é objeto de farta investigação, em especial com relação aos depoimentos de testemunhas e ao "dever de dizer a verdade"; ela desempenha um papel fundamental, no caso de delitos como fraude, falsificação de documentos, perjúrio e agiotagem.

Mentir é um ato exercido por meio de palavras, uma ação na esfera da linguagem. Só é possível mentir servindo-se da linguagem, seja falada, escrita ou impressa. Assim, a mentira ocorre basicamente no contexto do relacionamento entre pessoas em situação de comunicação. Até mesmo o ato de mentir para si próprio — um caso-limite da mentira — é examinado em analogia com a relação de comunicação entre as pessoas.

Mas como então entender expressões de caráter mímico e gestual, isto é, todas as expressões da linguagem corporal, como por exemplo encolher os ombros e balançar ou acenar com a cabeça? Também esses comportamentos podem expressar mentiras, se estiverem substituindo expressões da linguagem, como quando com a cabeça ou com um determinado gesto com a mão indicamos o "não". Algo diferente acontece quando falamos dormindo, ou representamos no palco, contamos uma piada, participamos de uma brincadeira ou de um jogo. Nesses casos, na medida em que a pessoa que fala não está falando sobre coisas em que ela pessoalmente acredita, não se pode falar de mentira. Por fim, também não é possível designar como mentirosos os sonhadores, os que têm mania de inventar histórias ou os que buscam se fazer passar por mais do que são, na medida em que assimilaram suas histórias de tal forma que eles próprios acreditam nelas.

Gabriel Falkenberg estabelece uma distinção importante entre as mentiras: as "mentiras fortes" e as "mentiras fracas". Ele designa como mentiras fortes as que afirmam algo de que estamos convencidos não ser realmente como afirmamos. As mentiras fracas são as que dizem algo irrefletidamente, "pego no ar" ou "ao acaso" e que afirmamos sem que tenhamos efetivamente chegado a uma conclusão sobre se acreditamos ou não no que estamos dizendo. Acusações, denúncias, respostas a interrogatórios policiais são exemplos típicos desse segundo tipo. Fala-se de "mentiras indiretas" nos casos em que a pessoa diz a verdade, mas não "toda a verdade". As "mentiras fortes" e as "mentiras fracas" abrangem uma escala de gradações que vai das mentiras descaradas até afirmações vagas.[1]

Como em todo tipo de classificação, também no caso das mentiras existem formas mistas e intermediárias, numa escala que possivelmente chega até as tentativas de mentira, como a distorção, o exagero, a hipocrisia ou a indução ao erro. Isso mostra claramente que, num certo âmbito, o conceito de mentira é vago e, no limite, sua significação é indefinida. Na Grécia antiga, os conceitos de erro, mentira, ficção e aparência estavam todos fundidos na linguagem, numa unidade indissolúvel. Somente com os povos latinos é que o que ainda estava unido entre os gregos seria separado como *error*, erro, e *mendacium*, mentira. Mesmo no caso do alemão, Adelung afirma, ainda em 1796, no verbete "*Lüge*" [mentira] que o termo poderia significar "*Irrtum*" [erro]. Em resultado disso, ainda hoje os conceitos de erro e de mentira são muitas vezes colocados "num mesmo saco". Mas um político bastante familiarizado com a mentira, Franz Josef Strauss, em seu discurso de 13.5.76, parece não ter encontrado problemas para definir a mentira, ao afirmar categoricamente: "Mentira significa que alguém com conhecimento da verdade diz deliberadamente a não-verdade."

---

1. Cf. Falkenberg, Gabriel, *loc. cit.*, pp. 135 ss.

POR QUE MENTIMOS?

Em nosso cotidiano, são freqüentes as situações que exigem reações rápidas e eficientes. Muitas vezes simplesmente não há tempo para refletir se numa dada situação devemos mentir ou dizer a verdade. O que dizemos quando queremos nos livrar de um vendedor que bate à porta? Como encontramos as palavras corretas para escapar a um convite? Como justificamos o fato de mais uma vez ter dirigido o carro em excesso de velocidade ou estacionado em lugar proibido? Como os pais respondem ao filho a pergunta "Por que vocês brigaram"? É grande a tentação de buscar sair de situações inesperadas, ou para as quais estamos despreparados, usando evasivas e mentiras — muitas vezes por simples necessidade de autopreservação ou para evitar as pressões excessivas do nosso ambiente.

Mas mesmo quando temos tempo suficiente para reagir, essa tentação não diminui de forma alguma. Lembremo-nos apenas das incontáveis declarações de renda "maquiladas" ou da fraude do seguro, que vem se tornando um truque cada vez mais popular para conseguir indenização para si, para a casa, ou para conseguir consertar, sem pagar, pequenos danos no carro. As histórias a esse respeito são muitas vezes bastante pitorescas: o espelho caro foi quebrado pelo vizinho, um amigo esvaziou a garrafa de vinho tinto sobre o sofá de couro novo em folha, a criança danificou o serviço de porcelana, e o equipamento de som novo em folha quebrou na praia durante uma viagem. Nunca há recibos. Segundo os dados do Instituto Max-Planck, de Friburgo, são sobretudo pessoas que têm educação de alto nível que, por meio de declarações falsas, roubam e desfalcam dinheiro, de acordo com a regra: "se a queixa for bem retocada, os danos serão reparados".

É possível alguém mentir sem saber que está mentindo? Minha opinião é: não. Pois mentir não significa afirmar algo falso, mas sim afirmar algo que se *acredita* ser falso. As pessoas em geral não mentem sem razões ou sem necessidade. Não existe mentira sem intenção, ao contrário do que pode acontecer quando se fere ou ofende alguém. São necessários motivos, causas, razões e intenções para a mentira. É isso que temos em mente quando perguntamos: "Por que você mentiu?" Trata-se basicamente de algo muito humano: as pessoas não estão satisfeitas com seu destino ou sorte, não importa se ricas ou pobres, se medíocres ou geniais, se famosas ou desconhecidas. Quase todo mundo deseja uma vida diferente da que está vivendo. Essa insatisfação e esse desejo exigem ser satisfeitos. A vida humana nunca foi nem é suficiente para atender aos anseios humanos. A mentira como substituto e compensação atenua a insatisfação humana e compensa nossa condição trágica de sempre desejar e sonhar com mais do que de fato podemos ter.

A imaginação de que somos dotados é uma dádiva do deus Janus com suas duas cabeças. Ela é a responsável pelo desenvolvimento humano, mas também pela existência de um abismo entre o que somos e o que gostaríamos de ser. Dela provêm a cultura, a arte e a poesia, mas também a violência, a guerra e a mentira.

Mas a razão e o motivo da mentira pura e simplesmente é o medo. Nada destrói, de modo tão radical quanto nosso medo, a fina camada de civilidade que recobre o solo vulcânico dos padrões arcaicos com que reagimos às situações. *Territus terreo*, tenho medo do medo, dizia Agostinho. Diante do medo, a única coisa que podemos fazer é disseminar o medo — é ele que impele à mentira, e a mentira por sua vez é o que nos amedronta. Um círculo vicioso do qual somente podemos sair se no animal predador homem redescobrirmos o irmão e a irmã e nos arriscarmos a dialogar sob a égide da confiança.

A presunção e a compulsão de buscar sempre prevalecer sobre os outros são um outro motor da mentira. As mentiras para causar impressão podem compensar, pelo menos em parte, sentimentos de insegurança e inferioridade. É melhor exagerar e parecer um pouco mais para ficar em evidência do que não ser visto e permanecer nas sombras! Mostrando-se como alguém que sempre tem algo interessante para contar, a pessoa, sem dúvida, consegue seu público, mas em última análise também prejudica a si mesma, pois assim que os outros percebem que a insegurança é o motivo das mentiras, eles passam a projetar na pessoa suas próprias inseguranças, sempre latentes. O desejo de se fazer prevalecer se consolida na felicidade fugaz, na qual a mentira passa a intervir e a impele a atividades sempre novas, pois por trás dela está uma necessidade exacerbada de atenção e admiração. A incapacidade da pessoa de aceitar-se e de "ser suficiente" para si mesma é compensada pela aparência e pelas dependências. Por outro lado, o mundo vai se tornando cada vez menor, pois a busca, mais para parecer do que para ser, não se realiza sem danos à personalidade. O ego inflado conduz a uma existência empobrecida, e até a compulsões que nos levam a ficar cada vez mais presos num terrível beco sem saída. Quem pretende brilhar e reluzir com lembranças ou com o que ainda não existe, precisa, sobretudo, de uma boa reserva de auto-estima e de persistência, que nada nem ninguém possam desestabilizar. Quem quiser nadar na superfície deve evitar mergulhos profundos!

A *Flauta Mágica* de Mozart nos ensina que a sabedoria somente pode ser aprendida por quem sabe ficar calado. Mas lá está o loquaz Sr. Papageno, talvez uma espécie de arquétipo de nosso popular mestre-de-cerimônias. Ele gosta de falar um pouco demais e também mente um pouco demais — gaba-se de feitos heróicos, que na verdade ele só conhece por meio de relatos. Como não pode ser contido em sua verbosidade, volta e meia ele recebe uma mordaça. Se pudesse se calar às vezes e não tivesse de dissolver seus problemas em acessos de verborragia, talvez pudesse ter muito mais do que ousa sonhar...

Além disso, podemos dizer: quem busca ter poder sobre os outros recorre à mentira para exibir e saborear a própria superioridade. Ou: mentimos para dominar. A mentira é, sem dúvida, um meio de exprimir superioridade intelectual e de dominar, subjugar ou explorar os menos espertos ou que têm menos força. Como prisioneira dos próprios sentimentos de impotência e desamparo, a pessoa precisa se equipar com força e poder. Pessoas desse tipo gostam de se fazer cercar por subalternos que vivem armando intrigas, por carros potentes e por caros símbolos de posição social; elas também se mostram muito pouco receptivas com relação a opiniões divergentes. As pessoas obcecadas pelo poder têm seu código próprio de mentiras: ser duras com relação a si mesmas e tanto quanto possível não mostrar sentimentos mais delicados.

Também a inveja, de que tantos parecem precisar em sua rota de ascensão, e a ambição por mais — mais sucesso, prestígio, dinheiro, beleza — estão entre os motivos da mentira. As pessoas obcecadas pela inveja, em geral, interpretam a atenção e o reconhecimento dado aos outros, e mesmo aos colegas de profissão, como uma espécie de rebaixamento para sua própria pessoa — um sinal de seu enorme medo de se submeter a comparações. A inveja, que exprime a diferença entre o querer ter e o não poder ter, é um ambiente ideal para a mentira. Nesse ambiente, a mentira pode se infiltrar e induzir a transgressões, a traições e a insinuações que têm todas uma coisa em comum: por favor, não seja melhor, mais bonito ou mais bem-sucedido que eu, ou então vou ter menos valor.

A vergonha, esse curioso sentimento fora de moda, toma conta de nós com muito mais freqüência do que gostaríamos de admitir. A cada deslize, erro ou insucesso achamos ter fracassado como pessoas ou acreditamos não valer nada. Como a vergonha pode ser muito dolorosa e intensa, a pessoa sente necessidade de se livrar do peso dela e recuperar a estabilidade de sua personalidade, que o sentimento de vergonha deixou abalada. O método mais simples de superar uma situação desagradável é a negação, o que não é o mesmo que reprimir, pois ao negar o que sente como desfavorável, a pessoa, contrariando a própria convicção, contesta-a de tal forma que chega a acreditar que não existe. Pode-se dizer que a pessoa mente para si própria fazendo-se acreditar que nada de desfavorável aconteceu. Enfeitar e trivializar também podem criar um novo modo de focalizar a situação para nos proteger da vergonha: a atenção é desviada da experiência que causa vergonha e dirigida para algo diferente. Mentir para si mesmo ou para os outros quando se está envergonhado é um mecanismo de defesa, uma espécie de substituto emocional que recobre o fato básico subjacente: a admissão do fracasso vinculado à vergonha. As mentiras podem reprimir por algum tempo a vergonha inconfessada, mas em última análise não permitem que a pessoa se afaste daquilo que lhe causa vergonha e consiga se aproximar dos outros.

Mentiras para poupar os outros de mágoas, humilhações ou constrangimentos, isto é, mentiras para proteger ou por consideração aos outros, são consideradas pela maioria como menos reprováveis. Os motivos mais comuns para esse tipo de mentira são: tentar manter promessas ou compromissos; preservar segredos; comunicar cuidadosamente notícias desagradáveis, como morte, prejuízos ou doenças, de um modo que poupe as pessoas de sofrimento; insuflar coragem ou evitar ofensas ou escândalos. Todas essas variantes da mentira são resultado de motivações extremamente humanitárias. Todas elas revelam que a vida é um compromisso, um incessante acúmulo de concessões, e em especial que é simplesmente impossível atuar sempre em meio à plena verdade.

Também o desejo de proteger a privacidade é um motivo muito comum para mentiras. Em nosso dia-a-dia a proteção da privacidade é com freqüência uma circunstância atenuante das mentiras, mentiras que — consideradas como "pretextos" — muitas vezes não são vistas como tais tanto pelos que as usam quanto pelos outros. Isso se observa já no comportamento dos pais, quando querem manter os filhos afastados de alguma coisa. Embora busquemos a franqueza no relacionamento recíproco, de repente essa franqueza fica mais difícil... O quanto pode ser útil a evasiva ou a mentira por necessidade é o que nos ensinam os banquetes aborrecidos, as situações inesperadas durante as férias, as festas, as confidências que nos são feitas ou as ocasiões em que atendemos à porta de casa. Será tão difícil compreender que pode ser mais humano a pessoa retrair-se e não tratar o outro com os pontos fracos de sua alma. A privacidade é uma necessidade, e dela faz parte a arte humana de se calar e dissimular.

MENTIRA E CONSCIÊNCIA

"Podemos mentir conscientemente, mas não inconscientemente. É o que prova por exemplo o detector de mentiras", escreve Karl Steinbuch em seu livro *Automat und Mensch*.[1] A isso poderíamos acrescentar que é extremamente difícil mentir na linguagem de sinais dos surdos. Também Oliver Sacks, que em seu hospital já tratou de muitos casos de afasia — pessoas que sofrem de sérios distúrbios da linguagem ou de perda da fala — chegou à conclusão de que não se pode mentir para pessoas com afasia, pois elas não podem ser enganadas por meio das palavras: elas entendem com absoluta precisão — e como um todo — a expressão corporal da pessoa que fala. Dessa forma é nossa consciência a responsável pela capacidade de mentir; ela pode, como se sabe, interpretar as ações mais triviais e corriqueiras com justificativas e histórias que induzem ao erro. Nós estamos sempre construindo ligações coerentes e criamos a lógica que usamos em nosso comportamento. Mas podemos nos perguntar: com que freqüência conseguimos nos enganar ou mentimos para nós mesmos quanto ao motivo de uma determinada ação?

Tomemos um exemplo corriqueiro: você está a caminho de um encontro e de repente seu carro quebra. Você parece frustrado e aborrecido ao ligar de um telefone público para pedir desculpas e avisar que não vai, sem deixar de comentar o quanto gostaria de

---

1. Steinbuch, Karl, *Automat und Mensch*. Berlim, 1965, p. 264.

não perder o encontro. Chegando em casa, você sente como os músculos de sua nuca de repente se relaxaram e percebe também uma sensação agradável percorrer seu corpo: "Por fim uma noite livre!" O que pode significar essa surpreendente mudança? Por que nos dispomos a enganar não apenas os outros mas também a nós mesmos?

Em si mesma a consciência já é algo singular. Ela nos deu a possibilidade de mentir, de fazer afirmações não-verdadeiras, e de discrepâncias entre o que dizemos e o que realmente temos em mente. "Meu ego mente", diz a versão moderna desse fato. Não é estranho o fato de que nós enganamos e mentimos num sentido que é próprio à consciência, de modo que enganamos não apenas os outros mas principalmente a nós mesmos? Os exemplos mencionados demonstram: quem está obrigado a se expressar numa unidade com seu corpo não pode, em última análise, mentir. Nosso corpo não nos permite mentir, pois sua traiçoeira capacidade de expressão tem uma amplitude demasiado grande. Mas o ego pode.

As crianças sabem disso muito bem. Elas têm um faro pronunciado para a verdade e a mentira; por isso reagem de modo saudável à mentira e, com razão, ficam irritadas quando com as palavras afirmamos uma coisa e com o corpo expressamos o contrário: "Conte o resto", diz a mãe ao filho, ao mesmo tempo que acompanha, concentrada, as notícias na televisão.

É muito comum afirmar-se que o esforço que nosso corpo faz para dissimular a mentira é justamente o que nos "trai": cruzar os braços para demonstrar retraimento, rir com artificialidade para encobrir a mágoa, fechar os punhos para exprimir raiva. O especialista em psicologia social Robert Rosenthal, juntamente com seus discípulos, demonstrou que determinados aspectos da linguagem corporal são mais apropriados para mentir que outros.[2] O melhor mentiroso é o nosso rosto, que é muito mais eficiente que o

---

2. Depaulo, Bella M., Zuckerman, Miron, Rosenthal, Robert, "Humans as Lie Detectors". In: *Journal of Communications*, 1980.

corpo — até mesmo que a linguagem. Isso está ligado à grande "capacidade emissora", isto é, a rapidez, expressividade e visibilidade do rosto para enviar mensagens. Os gestos e a postura corporal são, ao contrário, menos controláveis, mais lentos e não se expressam de modo tão inequívoco. Isso torna o corpo não apenas menos eficiente para mentir, mas também o deixa mais predisposto a expor justamente os sentimentos traiçoeiros que gostaríamos de ocultar.

Sem dúvida, o tom de voz tem mais possibilidades de dissimulação que o traiçoeiro corpo, mas muito menos possibilidades que o rosto. Quando falamos, provavelmente não notamos quanto de nossos sentimentos estamos revelando com as diferenças e alterações no tom de voz. Mais traiçoeiras ainda que nosso tom de voz são — além das modificações corporais, como por exemplo um movimento de mão reprimido — as discrepâncias entre a expressão facial e a voz. Um olhar risonho e ao mesmo tempo irritação na voz estão para Rosenthal entre as indicações mais expressivas de que aí estão envolvidos dois "canais" difíceis de serem controlados, sobretudo quando atuam simultaneamente. Suponhamos que alguém minta com palavras convincentes, acompanhadas por gestos correspondentes, mas que esqueça de prestar atenção ao tom de voz; nesse caso, o observador atento tem indicações para inferir que uma mentira está sendo dita.

Desde o século XIX, a sintomatologia da mentira é uma área da criminologia e da diagnose médica dos fatos. A construção dos chamados "detectores de mentira" (polígrafos) para combate ao crime causou durante certo tempo uma grande sensação nos Estados Unidos e na Alemanha. Sua aplicação, no entanto, não se mostrou confiável, pois a hipótese sobre a qual sua construção se baseou, a de que toda mentira é acompanhada por um processo corporal específico, não se confirmou; além disso, ocorreram problemas insuperáveis de interpretação: como saber se os processos detectados seriam sintomas de mentira ou de nervosismo, medo ou excitação? O seguinte incidente pode ilustrar esse problema: "Os médicos de uma clínica neurológica estavam avaliando se deviam liberar um determinado paciente esquizofrênico. Decidiram submetê-lo a um teste com o detector de mentiras. Uma das perguntas era: 'Você é Napoleão?'. Ele respondeu: 'Não.' O detector indicou que ele estava mentindo."[3]

Quando se pensa na mentira como uma contradição entre dois lados de uma mesma pessoa, como uma discrepância entre a manifestação verbal e a consciência, esse duplo registro que acompanha a mentira produz tensões que atuam como sintomas sobre o corpo. O mentiroso trai-se sobretudo por sinais como: falar impensadamente, enredar-se em contradições, corar, revelar tremor na voz, insegurança e inquietação no olhar, aumento de movimentos laterais do corpo — que são impulsos de fuga reprimidos —, diminuição dos gestos com as mãos, aumento dos contatos com o rosto (coçar a barba ou o queixo, morder os lábios, puxar o lóbulo das orelhas, coçar o nariz, etc.). Os pesquisadores chegaram mesmo a demonstrar um certo sintoma respiratório da mentira: após a mentira, a inspiração se torna mais prolongada e a expiração relativamente mais curta.[4]

Dessa forma, a luta do mentiroso é dupla: de um lado, contra as próprias emoções, que devem ser reprimidas ou disfarçadas; de outro, contra o perigo de dar uma escorregadela inadvertida e denunciar a si mesmo pelos sinais que indicam a mentira.

Se os sintomas da mentira, de certo modo, formam a superfície da mentira, a pesquisa sobre a consciência revela o que está por baixo deles.[5] Tanto a mentira quanto a verdade são fenômenos com muitas camadas, e por isso difíceis de ser reconhecidos. Isso se deve ao fato de não ser possível perceber a maior parte das informações

---

3. Citado em: Smullyan, Raymond M., *Wie heißt dieses Buch? Eine unterhaltsame Sammlung logischer Rätsel*. Braunschweig/Wiesbaden, 1981, p. 4.

4. Citado em: Sommer, Volker, *Lob der Lüge. Täuschung und Selbstbetrug bei Tier und Mensch*. Munique, 1992, p. 127.

5. Cf. Norretranders, Tor, *Spüre die Welt*. Hamburgo, 1994, pp. 264 s.

que emitimos. Nosso ego consciente é apenas uma pequena parte do conjunto de processos que ocorrem, no entanto, ele pretende exercer o controle total sobre a pessoa. Com isso, o ego se vê diante do problema de não poder explicar nem aceitar todos os processos que ocorrem no interior da pessoa. Dessa forma, a idéia de um ego ou de uma consciência que tudo conhece e percebe é uma ilusão. Por isso, o ego tem de se curvar diante de algo maior que ele próprio, que abrange o corpo e que com ele põe em atividade processos e ações que não são conscientes — nosso eu. Os psicanalistas dizem: nosso inconsciente. Naturalmente, é possível decidir não levar em conta o inconsciente. Para muitas pessoas, esse "pacto" de cegueira funciona tão bem que elas vivem sem grandes conflitos, sem sobrecarregar-se com um conhecimento maior sobre o seu inconsciente.

Nosso ego, o ator consciente, pode mentir; mas o nosso eu, que é mais que o nosso ego, tem conhecimento a respeito da verdade. Não é sem razão que nossa linguagem localiza as ações inconscientes "no estômago", "no coração", "no sangue" ou na "urina".

Como podemos conhecer a verdade se temos tão pouca consciência do que percebemos, do que pensamos, do que fazemos, se tantas vezes não temos consciência dos fatos? Essa pergunta provoca embaraço, pois ela mostra que não podemos saber quem nós somos realmente, ou que forças ou recursos não percebidos existem, dormentes, em nós. Isso não significa que devamos eliminar o conceito de verdade de nossa prática cotidiana. O que podemos fazer é radicalizar a questão, reconhecendo que a verdade provém do eu, isto é, de uma dimensão sobre a qual não temos nenhum controle. Com isso, no entanto, o conceito psicológico de verdade torna-se obscuro. Pois agora a verdade não é apenas a relação entre o que exprimimos ao dizer algo e aquilo que o ego diz quando não mente. A distinção entre ego e eu exige critérios e concepções de verdade e mentira totalmente novos. Temos de aceitar que nossa linguagem é apenas o mapa do terreno e não o próprio terreno. A mentira e a verdade podem se exprimir não apenas numa relação termo a termo. Elas aparecem nas lacunas, nos resíduos e nos espaços intermediários — no processo de reinterpretação e reformulação, na busca de alternativas e nas histórias.

PARTE II

LISTA ALFABÉTICA DAS MENTIRAS, OU: ALFABETO DA MENTIRA

AMIZADE

Antes de entrar no complexo campo da desculpa e da mentira na esfera da amizade, façamos uma pergunta básica: o que caracteriza uma amizade? Ao contrário da maioria dos relacionamentos, a amizade não pode ser garantida institucionalmente, como por exemplo o casamento, com o qual ela tem alguma coisa em comum. Por isso ela é mais livre, mais indefinida, menos complexa. Há, sem dúvida, regras e rituais, mas não existem leis ou direitos reivindicáveis por processo judicial. Amizade: uma variante do amor, fácil de usar e resistente ao uso, poderíamos afirmar despretensiosamente. Um contraponto vital aos desconfiados e solitários comportamentos de rivalidade e competição de uma época que vive de encontros rápidos e momentâneos, nos quais as estridentes secretárias-eletrônicas e aparelhos de fax assumiram a tarefa de dar atenção e manter os relacionamentos.

Mas onde está o desejável equilíbrio entre a verdade e a mentira na amizade? Baker Roshi, um conhecido mestre da filosofia Zen, disse-me uma vez num de nossos encontros: "A um amigo posso dizer tudo, ele também tem direito de me dizer tudo; queira eu ouvir ou não". Provavelmente, Baker Roshi tenha pretendido dizer com isso que uma pessoa só pode se considerar amiga se estiver também preparada para esperar da outra verdades desagradáveis. Mas creio que aqui é necessária uma restrição: somente se isso ocorrer por atenção e amor ao outro.

Em princípio, os amigos têm o direito de ouvir a verdade e, mais ainda, de dizer e procurar a verdade. Nada ajuda tanto uma compreensão melhor de nós mesmos quanto o nosso relacionamento solidário com amigos. São eles que muitas vezes nos entendem melhor que nós mesmos, que nos comunicam entusiasmo e incentivo, que nos "põem diante do espelho", que põem a nosso serviço sua capacidade de observação, que nos ajudam a compreender melhor a nós mesmos. A amizade pode ser caracterizada como um espaço protegido onde encontramos atenção, dedicação e sinceridade, um espaço em que podemos esquecer-nos de nossas fraquezas porque podemos confiar. Confiar-se ao outro pode ser um "investimento de risco", mas sem esse risco não pode existir amizade. A confiança torna mais fácil às pessoas serem francas, pois ela põe uma espécie de guia seguro na base da vida em comum. Isso vale em especial para o meio da linguagem, que é sem dúvida o meio dos equívocos, pois as pessoas se prendem às palavras do outro como se fossem as suas próprias. A linguagem que está apoiada na confiança e afeição recíprocas abre a possibilidade de não precisarmos empurrar os conflitos para debaixo do tapete, pois sabemos que além dos equívocos da linguagem, é possível ainda uma outra coisa, uma certa ressonância e solidariedade com o outro. Ouvimos o som da voz, vemos a expressão e os gestos, e a intuição compreende o que o sóbrio intelecto sozinho não consegue entender. Confiamos, e nessa confiança nos revelamos também merecedores de confiança.

No entanto, o caminho até a confiança e a intimidade entre amigos não é o caminho da franqueza a qualquer custo. É preciso que haja um equilíbrio ou sintonia entre a necessidade de proximidade e a necessidade de distanciamento, entre as próprias expectativas e as do outro. A de fazer amigos, em essência, é a capacidade de distinguir, que se nutre da solidariedade, e sabe o que o outro pode digerir e o que lhe fará bem. Faz parte disso não apenas evitar uma fusão simbiótica, mas também aceitar um "resíduo" de segredo a que o outro tem direito. Quando a franqueza leva as pessoas a se expor ou se aterrorizar reciprocamente, sob a desculpa: "vou falar francamente", é hora de nos perguntar se essa vontade de franqueza não estaria, na verdade, sendo impulsionada por um desejo de agressividade ou de arrogância. Nada é pior que a humilhação feita em nome da amizade; na verdade, é preferível a agressão aberta: dela pelo menos podemos nos defender.

A prática da discrição — que poderia ser indicada por exemplos como: não expressar um pensamento porque pode ferir o outro, dominar um sentimento porque pode nos levar a ferir o outro — é muitas vezes uma expressão maior de amizade que a manifestação impiedosa de "verdades nuas". As amizades fracassam não apenas porque falta nos relacionamentos a sinceridade mútua, mas também porque as pessoas dizem umas às outras verdades sem qualquer consideração pelo outro. Esfregar a verdade brutalmente no nariz do outro não conduz necessariamente à franqueza; ao contrário, em geral resulta em grandes mágoas.

Basta procurar entender no ponto de vista do amigo a necessidade de proteger a si mesmo, que em geral se esconde por trás da maioria das mentiras e descortesias, para nos vermos diante da forma extremamente responsável de consideração e solidariedade que a amizade merece — tanto quanto também merece a chamada verdade. À luz da solidariedade, a verdade tem uma certa relação com a solicitude e a moderação, e em muitas situações isso sem dúvida significa não ser totalmente franco, deixar abertas saídas e vias de fuga, examinar as coisas com outro olhar e relativizar ou dar a um dilema algumas alternativas a mais, para que o outro possa preservar sua dignidade. Pode-se objetar que com isso estamos facilitando demais as coisas para nós mesmos. Mas não será mais heróico às vezes confiar até mesmo no que não compreendemos, calar mesmo quando descobrimos deslizes e contradições, consolar porque o outro precisa de um refúgio para "lamber as feridas" e não sobrecarregá-lo ainda mais com nossa própria ansiedade e preocupação? A amizade é muito mais do que a busca incansável da verdade ou do que a necessidade de confissão e comunicação ou do que a conversa de psicólogo de botequim. A amizade significa sobretudo permitir ao outro viver sua vida com dignidade, e isso não tem nada a ver com a preocupação exagerada ou o fanatismo pela verdade, mas sim com a dedicação, a atenção, a solidariedade e o calor de nosso afeto. Somente sob essas condições podemos aceitar a afirmação de Ingeborg Bachmann: "A verdade é uma necessidade do ser humano."[1]

AMOR

"Veja os casais apaixonados; mal se conheceram e já estavam mentindo", queixava-se Rilke. Amor e erotismo parecem ser os dois produtos da civilização mais complexos e difíceis de abordar, se dermos crédito às estatísticas que mostram que em nenhuma outra esfera se mente tanto quanto na do amor.

De acordo com a pesquisa comportamental, a arte da sedução é um ritual extremamente elaborado, que se desenrola no âmbito do "ainda permitido" ou do "já proibido". É isso que gera o medo constante de ser enganado, de sofrer desilusões ou de sentir realmente algo pelo outro. Esse medo não apenas faz com que ambos os parceiros finjam sentimentos e orgasmos, mas também leva-os a mesclar as manifestações de afeto com traços de mentira. "Ah, foi só com você que aprendi o que é o amor", "Nunca esquecerei você", "Não posso viver sem você", "Nós combinamos muito bem, não acha?", "Serei eternamente fiel a você", "Com você tudo é diferente" — expressões que parecem absolutamente verdadeiras no momento em que são ditas, e que sugerem algo que a pessoa em

---

1. Bachmann, Ingeborg, *Die Wahrheit ist dem Menschen zumutbar*. Munique, Zurique, 1981.

geral não pode ou não pretende cumprir — poesia do momento, com que ela adorna o próprio amor, isto é, a si própria. Frases que, passado o arrebatamento inicial, muitas vezes desembocam em estratégias calculistas ou táticas elaboradas de retirada: "Sabe, você me fez perceber que ainda não estou preparado para um relacionamento", "Infelizmente, só agora estou vendo que ainda não superei meu relacionamento com Rolf", "Mas vamos continuar amigos, não?". Esse tipo de mentira prolifera nos terrenos da infidelidade e das escorregadelas no casamento, onde sempre está presente o cheiro do proibido. Como devemos então nos comportar com relação às tentações que estão sempre à espreita? Fugir de tudo isso apenas para escapar ileso é uma atitude totalmente irrealista. Arriscar e ser tolerante? Será que isso é viável, sobretudo quando se está no papel da pessoa enganada? Quando somos enganados por alguém com quem não temos um relacionamento, podemos nos manter distantes sem nos importar com a sua desonestidade. Mas quando somos enganados num relacionamento, a vida pode se tornar um inferno, pois no caso das mentiras no interior de um relacionamento íntimo estamos em última análise sozinhos. Se conseguirmos sair da experiência sem grandes traumas, o que resta é: ir para bem longe e tentar recobrar a coragem.

Muitos parecem ter descoberto a solução para o problema envolvendo-se apenas em relacionamentos flexíveis e "descartáveis". No lugar do amor, prefere-se apenas um relacionamento circunstancial e parcerias por conveniência. Fica-se junto porque se tem vontade, mantém-se o relacionamento somente enquanto for fácil lidar com ele, sem qualquer preocupação com um antes e um depois. Quando o relacionamento termina, não é preciso buscar esquecer ou reprimir: simplesmente se aproveita no novo relacionamento a experiência assim adquirida. Esse "autismo" no relacionamento é apenas um blefe ou um truque, pois sugere um controle da situação lá onde predominam o puro medo da proximidade e o esforço por fugir do sofrimento.

Parece paradoxal, mas tanto a mentira quanto a verdade podem ser fatais para o amor. Inúmeros exemplos disso podem ser encontrados no dia-a-dia e nas mais diversas variantes: a mulher que, exigindo absoluta honestidade do marido, consegue fazer com que ele confesse que sucumbiu a uma atração numa festa da empresa, e que desde então só fala em separação. Ou o marido que quer esconder um curto relacionamento com uma funcionária e se vê colocado pela mulher diante da alternativa: "Ou você admite, ou eu enlouqueço e vou precisar de um psiquiatra." Ou a mulher que está sempre questionando o marido até que ele acaba caindo em depressão. Ou o casal que sempre é franco em tudo, até que um deles tem um colapso nervoso e precisa de uma psicoterapia... Pessoas que dão orientação nas colunas de aconselhamento em revistas e jornais comentam essa questão da seguinte forma: não se deve despertar o cão que está dormindo. Um conselho simples e absolutamente acertado! Também a literatura está cheia de mentiras relacionadas com o amor, de Tristão e Isolda a Strindberg e Tchekhov. Não podemos evitar: estamos sempre sendo testemunhas ou atores do acontecimento "amor", que insiste em sobreviver na maioria dos casamentos, apesar da calmaria dos sentimentos e das crises que sobrevêm, e temos de estar sempre analisando nosso modo de enfrentar as tentações com que deparamos.

Quando observamos a problemática da mentira em relação à comunidade lingüística em que temos de nos inserir, somos obrigados a reconhecer em primeiro lugar: somos todos prisioneiros de um isolamento radical. Todos temos em comum um silêncio doloroso, pois sabemos que por meio da linguagem conseguimos comunicar aos outros muito pouco do que conhecemos e passamos. Em especial, no caso de sentimentos intensos, as palavras parecem perder sua força, e somos tomados por uma sensação de total mudez e impotência para transformar em palavras esse tipo de experiência. Para ilustrar essa experiência, recorremos a um exemplo: num romance de Waldemar Bonsel, um homem e uma mulher apaixonados se abraçam e contemplam a paisagem iluminada pela lua.

Então ele diz: "Amo você!" A isso ela responde: "Eu gostaria que você não tivesse dito isso! Agora estamos a quilômetros um do outro!"

Niklas Luhmann refere-se a uma "amargura da solidão", que faz parte de nossa experiência de um relacionamento íntimo. A intimidade não é apenas o conhecimento recíproco; ela também pressupõe um certo desconhecimento, um certo ocultamento recíproco. Enganar e mentir poderiam, nesse caso, ser entendidos como uma das formas desse ocultamento. A mentira pode destruir um relacionamento, mas enquanto o relacionamento se mantém, ela pode — para dizer isso de modo positivo — ser um fator de agregação. Se os parceiros escondem um do outro sua raiva ou seu mau humor momentâneos, eles sem dúvida não estão sendo sinceros, mas também estão agindo em vista de uma harmonia no relacionamento. Assim a mentira para poupar o outro ou inspirada na recusa em dizer certas coisas pode ser uma expressão do amor. Além disso, é mais fácil suportar a mentira quando se sabe que ela foi resultado de uma atitude de solidariedade por parte do outro. É justamente nos relacionamentos mais íntimos que ocorrem as mentiras "benéficas", que podem ser consideradas mais que perdoáveis, desde que não atinjam as bases do relacionamento.

Sabemos por experiência própria que partes consideráveis de nossa vida são, por assim dizer, "resistentes à verdade" e por isso devem ser protegidas da curiosidade dos outros. E o risco de ocorrerem abusos é ainda maior quando se trata da verdade a dois. Se pudermos considerar a convivência entre duas pessoas como um lugar em potencial da verdade, tendo em vista que cada uma delas necessita da outra para, por meio da outra, poder viver e tomar conhecimento do que ela já possui, bem como do que lhe falta, então o casamento constitui um espaço privilegiado para os indivíduos buscarem sua verdade. Mas quem seria suficientemente livre para aceitar como válidas duas verdades que se contradizem?

Já na infância fomos inoculados com o desejo de verdade no relacionamento entre marido e mulher. Não pretendo justificar a hipocrisia, mas sei por experiência o quanto é difícil harmonizar verdade e convivência, principalmente devido à constante proximidade espacial, que não só leva grupos e equipes profissionais a verdadeiras "rixas", mas também, no caso da convivência a dois, pode dar origem ao total desentendimento do casal. Quando desaparece o arrebatamento inicial da paixão e tem início a prosaica convivência do dia-a-dia, os casais começam de repente a "jogar as verdades na cara", e o relacionamento se torna uma verdadeira tortura, pois cada qual defende agora somente a própria verdade. Quando a pessoa tem de justificar cada erro e cada termo usado com uma enxurrada de palavras e ardis, não apenas desaparece o prazer no relacionamento, mas o próprio relacionamento começa a se deteriorar e embrutecer. Em grande parte, isso se vincula a um conceito irracional do amor, que em resultado de idealizações, projeções e expectativas exageradas com relação ao outro, busca no relacionamento do casal a realização de todos os desejos que não foram realizados durante sua infância. No entanto, existem casais que se respeitam mutuamente, que dizem a verdade um para o outro e conseguem lidar bem com isso. Mas eles fazem parte de uma minoria abençoada. Entre esses dois pólos do espectro do casamento está toda uma gama de inverdades, dissimulações, enganos e mentiras.

Quando refletimos que as pessoas, afinal, têm de se contentar em lidar com bem pouca verdade, e quando pensamos de quantas ilusões, disfarces e proteção elas precisam, somos levados a concluir que é muito mais fundamental e útil preparar as pessoas para a sinceridade nos relacionamentos que tentar fazê-las dizer a verdade, nada mais que a verdade. É justamente no casamento que devemos buscar proteger um ao outro e avaliar a sensatez de dizer a verdade, para com ela não ferir o outro. Se as pessoas casadas dissessem a verdade nua, muitas delas teriam de admitir que sua convivência se reduz a comer, ver televisão e dormir. Um grande número de casais vive um relacionamento que há muito está morrendo, por terem deixado de alimentar os sentimentos, pela trivialidade de seus intercâmbios, pela monotonia do dia-a-dia e pela hostilidade recíproca — a tal ponto de muitas vezes ficarmos intrigados por ainda se tratarem por "você". Será que o fato de não se dizer o que se pensa ou fingir amar significa falsa consideração, falta de coragem e comodismo? De forma alguma, se tivermos em mente quanto esforço é necessário para corresponder a pretensões tão altas. Podemos nos perguntar se a pretensão à verdade não produz mais sofrimento que o caminho das mentiras cuidadosas e dissimuladoras.

BRAVATAS

"Minha mãe é milionária e joga tênis tão bem quanto Steffi Graf." "Meu pai é tão forte que pode ganhar de qualquer um." Os adultos riem desse tipo de afirmação exagerada que as crianças costumam fazer. Se um adulto fizesse o mesmo, nós acharíamos seu comportamento repulsivo, ridículo ou constrangedor. Mas também as crianças têm um comportamento ambíguo com relação à bravata. Embora muitas vezes elas cedam a esse impulso sem qualquer acanhamento, elas também não apreciam muito as pessoas que vivem se gabando e "arrotando vantagens". Devido ao princípio de realidade, a maioria dos adultos restringe seu impulso de se gabar. Nós consideramos isso como infantil e impróprio.

Se observarmos a mitologia, perceberemos que nela a bravata sempre aparece como algo natural, e que ela às vezes até mesmo desempenha um papel decisivo. Ela tem uma enorme influência sobre a vida dos heróis e os desdobramentos das guerras. Por que nos sentimos tão constrangidos quando alguém fala sobre si mesmo melhor ou mais do que corresponde à verdade? Por que a palavra "bravata" tem um significado tão pejorativo, de tal forma que quem "diz bravatas" é considerado ridículo e merecedor de desprezo? Em geral, essa qualificação não atinge apenas a auto-estima, mas desvaloriza a pessoa como um todo. A questão é saber se o que assim repelimos e recusamos na verdade não é algo que estamos apenas reprimindo, e dessa forma subsiste subliminarmente em nós de modo ainda mais forte e sutil.

Também neste caso a língua alemã reflete no conceito o objeto em questão. Se tomamos o termo "prahlen" [contar bravatas] ao pé da letra, vemos que ele significa "dar-se ares de importância" e remete ao termo do alemão popular "pralen", que significa "falar muito", e à palavra "pral", que significa "alarde, ostentação". Não nos iludamos, o fato é que sem um pouco de bravata não é possível criar uma auto-imagem em que estejam presentes o prestígio, o reconhecimento ou a fama. Afinal a sinceridade não é um requisito para candidatar-nos a um emprego ou buscar ascensão social. Quem se candidata a um emprego deve contar com a possibilidade de ter de responder a muitas perguntas. Ele deve saber apresentar suas qualidades de modo a valorizá-las, e deve saber também quando responder com total honestidade e quando não. Com o título "Assim as mentiras ganham pernas compridas", um jornal de Baden-Württenberg, de março de 1996, dizia o seguinte: "Perguntas relativas à vida privada do candidato e que 'não dizem respeito' ao empregador não precisam ou não devem ser respondidas com a verdade. Do ponto de vista do candidato, em tais casos uma resposta incorreta é melhor que nenhuma, pois as 'lacunas' podem dar margem a diversas interpretações". Para conquistar uma posição melhor, devemos apresentar nosso currículo de tal forma que ele mostre um progresso contínuo. Fracassos, insucessos, interrupções e fraquezas devem, na medida do possível, ser deixados de lado. Embora a ideologia do livre desenvolvimento profissional martele em nossas cabeças que podemos conseguir o que quisermos se formos suficientemente ambiciosos, talentosos e não recuarmos diante de dificuldades, a realidade no entanto nos ensina que não é assim que as coisas funcionam. Quem não tiver uma certa habilidade no trato com as pessoas e não conseguir deixar de lado suas convicções e se adaptar às regras do jogo das pessoas bem-sucedidas não conseguirá ir muito longe. A pressão generalizada da concorrência tornou-se hoje em dia tão forte que não apenas é pouco esperto estar mostrando as próprias inseguranças e medos: demonstrar excesso de otimismo e presunção também pode provocar resistências. Também terá mais sucesso quem, contra tudo o que for desfavorável, usar como antídoto a atitude de *keep smiling* — manter-se sorrindo. Isto é: mantenha a calma, porque se espera isso de você, e você precisa agir assim porque tem de corresponder às expectativas.

Neste ponto, chegamos às formas mais sutis da bravata. Aqui não precisamos mais nos elogiar nem nos colocar em evidência, pois já "estamos lá" e conquistamos o título ou posição desejados. Nós conseguimos impressionar as pessoas, não apenas quando nos pomos em evidência, mas também quando podemos nos dar ao luxo de mostrar indiferença por certas coisas.

Com relação a distância entre o que somos e o que gostaríamos de ser, está sempre em jogo um certo grau de autovalorização. E isso não poderia funcionar de modo diferente. Todos nós temos a necessidade de parecer mais do que realmente somos. Quem quer ser considerado comum, incapaz, medíocre ou insignificante? É o desejo de receber atenção e reconhecimento que não apenas se choca contra a verdade relativa a outras pessoas e determinadas situações, mas também bloqueia um autoconhecimento mais realista.

Um exemplo disso é o modo como lidamos com nossos diários e lembranças: mesmo que pudéssemos ter certeza de que ninguém jamais os leria, nós "estilizamos" os relatos de nossas vidas, bem como a percepção que temos de nós mesmos. Neles nós deixamos de mencionar muita coisa e temos medo de fazer confissões honestas, não apenas para nos mostrar a nós mesmos sob uma luz mais favorável, mas também porque, para nós, o próprio ato de escrever só pode ser uma mera aproximação de nossa vida interior. Nossa mente dispõe de inúmeras possibilidades de "retocar" nosso ego, de acordo com nossas necessidades pessoais. Estamos sempre dispostos a tentar, por exemplo, modificar certos fatos sobre a história de nossa vida para que ela dê a impressão de ser algo especial. Sobretudo, nos casos em que os fatos já ficaram muito para trás: é sempre curioso observar como os adultos falam de suas lembranças da escola ou da infância como se elas contivessem apenas travessuras, atos de coragem, e experiências interessantes, sobre as quais "todos" teriam comentado. Onde estão a rebeldia, as artimanhas e a esperteza? — nós nos perguntamos, ao observar hoje o cotidiano delas.

Talvez haja também um outro modo de interpretar a bravata. Ela não apenas ajuda a lidar com as próprias deficiências, mas também estimula nossas forças à medida que cria expectativas nos outros com relação a nós. Afinal, nós desejamos atender a essas expectativas e, assim, nos sentimos motivados e estimulados a realizar aquilo que sugerimos ser capazes de fazer. Assim a bravata pode mobilizar forças que talvez normalmente não seríamos capazes de buscar. Não é raro acontecer de o elogio que fazemos a nós mesmos contribuir para a realização de metas ou acontecimentos desejados, pelo simples fato de acreditarmos neles. Está provado: quem exagera suas chances de sucesso pode realmente aumentar e melhorar seu desempenho. Um exemplo disso é o que nos oferece o diretor de cinema Federico Fellini em seu livro "Sou um grande mentiroso".[1] Em primeiro lugar, chama a atenção o fato de ele se dar ao luxo de publicar um livro com um título tão provocativo; em segundo, muitos de seus roteiros foram criados somente depois de ele ter falado publicamente do "produto final". Esse processo é conhecido no âmbito das ciências sociais como *profecias que se realizam*. Ele revela que nossa mente dispõe de um mecanismo que torna possível realizar essas "autoprofecias". Quantos exemplos não

---

1. Fellini, Federico, *Ich bin ein großer Lügner*. Frankfurt, 1995.

conhecemos de alguém a quem foi dito: "Você será um dia uma grande cantora ... um grande jogador de futebol ... um bom pai", o que depois viria realmente a acontecer. Alguém diz a uma criança que ela é muito habilidosa e ela sem dúvida fará tudo para ser considerada habilidosa. E o mesmo vale no sentido inverso: se se diz a uma pessoa que ela é estúpida, ela acaba realmente se tornando estúpida. Desejos e forças adormecidas podem vir à tona por meio da bravata, como se a pessoa estivesse enfeitiçando a si própria.[2] De fundamental importância na bravata são a extensão e a capacidade que a pessoa tem de fazer as seguintes perguntas: Em que medida ela corresponde às minhas possibilidades e capacidades? Será que posso realizar o que prometi? Será que está me faltando senso de realidade?

Observemos a questão da propaganda. Uma empresa fabricante de sorvetes promete todas as delícias do erotismo se a pessoa estiver disposta a consumir seus produtos. As mulheres solteiras são consoladas com um "Magnum", riquíssimo em calorias, enquanto os homens solteiros buscam compensação com um "Nogger". Ou: um fabricante de lâminas de barbear faz um anúncio com a fórmula: "Para que a Srª Müller volte a olhar para você". A estampa impressa numa sacola de compras provoca os consumidores com a frase: "*I shop, therefore I am*". Compro, logo existo. Nada disso tem muita importância, poderíamos dizer: o consumidor não acredita mais nessas promessas. Quando um anúncio diz que "90% das pessoas usam esse produto", nós imaginamos ironicamente que esses 90% devem ser amigos e parentes do anunciante. Atualmente, muitos consideram menos nocivos os anúncios de cigarros e bebidas alcoólicas que são obrigados a apresentar um alerta à saúde, bem como os medicamentos e cosméticos que anunciam que para seu desenvolvimento as vidas de um número incontável de cobaias tiveram de ser sacrificadas — sem que, no entanto, o consumidor se

---

2. Guggenbühl, Allan, "Prahlerei als Selbstverzauberung". In: Guggenbühl, A., Kunz, M. *et al.*, *Prahlerei Lug und Trug*. Zurique, 1987, pp. 38 ss.

sinta obrigado a refletir sobre as razões de seus hábitos e práticas cotidianos.

No entanto: quem quer vender algo em nossa sociedade tem de usar a bravata: "Afinal, algo novo!". Esse *slogan* criado pela propaganda toca nossos anseios secretos e medos inconfessados que nos tornam suscetíveis de sermos enganados e de acreditarmos no que é anunciado com espalhafato. Não queremos anúncios realistas e sóbrios. Justamente porque para muitos a vida é, em grande parte, sem graça e entediante, a ilusão da propaganda corresponde a uma necessidade da alma que não pode ser atendida pela simples verdade nua e crua, do tipo: "Compre esta bicicleta; ela é mais barata que as outras, mas por isso mesmo dura apenas um ano". Essas promessas deslumbrantes nos trazem consolo, pois elas nos permitem fugir da monotonia de nossa existência; os novos produtos permitem que nos sintamos rejuvenescidos, capazes de superar os outros em alguma coisa, de saciar nossa curiosidade, de chamar a atenção para nós com a última novidade — com isso elevando nossa auto-estima e nossa capacidade de tomar iniciativas. Mesmo quando esse brilho todo se mostra no fundo como ilusório, da mentira surge um pouco de verdade, pelo menos ocasionalmente.

Em que consiste a arte da bravata? Ela consiste na união entre um realismo saudável e na atitude de atribuir a si próprio uma posição mais elevada. Assim a bravata pode despertar em nós forças criativas; ela pode nos estimular e dar impulso às nossas ações, pois com ela fazemos uma promessa que precisa, de todos os modos, ser cumprida. Até mesmo nos casos de pacientes em processo de desintoxicação das drogas a bravata é um recurso recomendado. Basta lembrar os fumantes que, desde que deixaram seu vício, vivem se gabando de sua força de vontade. Daniel Charms escreveu em 4.10.1933, em seu diário: "Para se livrar do vício de fumar é bom e prático refugiar-se no vício de se gabar". Desde que mantenhamos nosso senso de realidade e não nos deixemos cair vítimas das valorizações exageradas que fazemos de nós mesmos, a arte da bravata, temperada com um pouco de humor e um certo distanciamento, pode dar um novo estímulo ao nosso cotidiano, proporcionando um pouco de brilho e glória à monotonia do nosso dia-a-dia.

Como podemos integrar a bravata ao nosso cotidiano? O psicoterapeuta Allan Guggenbühl recomenda aqui uma solução original: a possibilidade da bravata para si próprio[3] — em vez de nos dirigirmos a um público exterior, voltamo-nos para um público interior. Fazemos o bravateador que somos se manifestar e exagerar nossas ações perante nós mesmos. Assim uma tarde monótona pode se tornar um grande vôo da inspiração; a hora de exercícios ao piano, um brilhante concerto diante de um público imaginário; uma refeição simples, um exótico banquete. Nosso público interior irá aplaudir com gosto essas nossas bravatas.

DESCULPAS

Para dizer a verdade, a história das desculpas começou já no paraíso: Adão empurrou a culpa para Eva, Eva para a serpente, e desde então estamos sempre transmitindo essa herança, de geração em geração. Não gostamos de admitir, mas todos usamos desculpas, e a maioria delas nem sequer chega a ser consciente, a menos que elas sejam especialmente originais, muito estúpidas ou muito refinadas. Caso contrário, quase não as percebemos. Nossa consciência, no entanto, às vezes protesta diante da presteza com que "ludibriamos" a nós mesmos em nosso cotidiano. O que afinal nos leva a recorrer a esse modo fácil de escapar dos problemas? O sentimento de consideração pelos outros? A necessidade de justificar nossas ações?

---

3. Guggenbühl, *Prahlerei Lug und Trug*, p. 47.

A insegurança? Nossos medos? Nossos sentimentos de culpa? Na verdade trata-se de uma mistura de tudo isso.

Sem as desculpas que nós mesmos usamos ou das quais somos vítimas, não teríamos a camada protetora e os meios que tornam a vida mais suportável. Não dá para imaginar o que aconteceria se tivéssemos de nos responsabilizar por todos os erros e adversidades que ocorrem em nosso dia-a-dia. Pois, por mais que nos esforcemos, não somos infalíveis e estamos sempre nos recriminando, assumindo culpas pelas opções que temos de fazer em meio às infinitas possibilidades de escolha que a vida nos impõe e nos atribuindo fracassos que estamos sempre tendo de "engolir". Nós gostaríamos de ter boas razões ou explicações sensatas, mas com freqüência o peso da responsabilidade por nossas ações é demasiado grande, demasiado pesado ou recai sobre nós cedo demais. As desculpas são um meio de escapar a tudo isso.

"Não pude evitar", "Foi só de brincadeira", "Eu não pretendia ...", "Não tive tempo", "Meu carro não dava a partida", "A culpa é de outra pessoa", "Não fui eu" — são essas as desculpas corriqueiras que têm, todas, uma coisa em comum: elas reabilitam nosso amor-próprio ameaçado por um curto período, aumentam nosso campo de ação, oferecem pretextos, refúgios e alternativas de fuga e funcionam como pequenos "reparos" para a imagem que fazemos de nós mesmos. Mas não apenas para nós mesmos; também com relação a nossos parentes, amigos, colegas e superiores precisamos de "circunstâncias atenuantes", de proteção para nossa imagem e nosso campo de ação que nos ajudem a superar o fosso entre as expectativas deles e nossas próprias possibilidades, pois é muito pouco o que podemos conseguir sem receber o reconhecimento deles.[1] Mas as desculpas também protegem os outros, pois elas nos permitem sinalizar que aceitamos e respeitamos suas expec-

---

1. Cf. Snyder, Raymond Higgins, "Ausreden. Warun wir sie brauchen". In: *Psychologie heute*, 12 (1985), p. 23.

tativas, mesmo que não estejamos em condição de atendê-las completamente.

Em que situações as pessoas recorrem a desculpas? A criança ainda pequena que quebrou a xícara diz à mãe: "Foi o gato", para dominar o medo ou escapar de uma punição. Conforme os pais reagem — "Você fez isso de propósito" — elas aprendem muito cedo quais desculpas são aceitáveis e quais não. Mais tarde, isso se torna: "Eu não digo nada", quando os irmãos se protegem mutuamente da punição dos pais, ou "Eu só queria o melhor para você", quando os pais querem justificar a surra. Assim os pais e também os filhos dão diferentes lições em matéria de desculpas — que também são uma parte constituinte de nossa legislação. Basta lembrar as circunstâncias atenuantes como: "sob influência do álcool", "insanidade", "sob o efeito de drogas". Nos esportes são as injúrias, na música são os críticos tendenciosos e nos exames são os níveis altos de exigência que devem justificar nossos erros ou fracassos. E quando não são possíveis desculpas, sempre resta a alternativa de minimizar ou trivializar um pouco as coisas, de acordo com o padrão: "Eu só estava brincando", "Não seja tão suscetível", "Eu mudei de idéia", "Devo ter-me enganado", "Os outros é que chegaram muito tarde". Algo bem parecido se passa no caso das muitas vezes mencionadas "pressões". O uso desse termo tem como objetivo principalmente desviar nossa atenção do fato de que são *sempre* os seres humanos que tomam as decisões. Elas devem dar a aparência de que a responsabilidade está nas pressões externas e não em cada um de nós.

Mas as desculpas são ou não são mentiras? No sentido rigoroso, sim, se tivermos como referência a definição clássica de mentira: a mentira é uma afirmação falsa feita de modo consciente, com a finalidade de enganar alguém. Na maioria dos casos, entretanto, as desculpas não são mentiras pura e simplesmente, mas sim correções ou "embelezamentos" da imagem que fazemos de nós mesmos, à qual nós mesclamos matizes sugeridos por nossa subjetividade. Mas essa pergunta é em última análise irrelevante, pois não é possível uma percepção totalmente não-mentirosa em meio ao enorme número de possibilidades de interpretação dos fatos. Além disso, a pergunta pressupõe uma verdade objetiva que não existe na maioria das situações. A obrigatoriedade de se dizer a verdade seria, em vista de nossa falibilidade humana, uma forma de cercear nosso "direito a desculpas" — um novo e desumano tipo de coerção. Enquanto existirem seres humanos sempre haverá situações nas quais os limites estreitos impostos a nossas vidas estarão continuamente exercendo pressões. Assim também é legítimo fazer "retoques". Quem identifica a liberdade a uma redução de todas as desculpas não conhece as possibilidades de enriquecimento afetivo oferecidas por um repertório variado de desculpas. Sem dúvida existe também para a desculpa um ponto além do qual são ultrapassados os limites do que as pessoas podem suportar, além do qual, as coisas, em vez de melhorar pioram. O maior inimigo das desculpas é o excesso delas. Nada é mais difícil e trabalhoso que ter de inventar novas desculpas para as próprias desculpas. Sempre haverá erros e situações pelos quais deveremos nos responsabilizar, sem buscar desculpas. Mas isso é algo positivo, pois afinal temos o direito a falhas e erros. Assim, também para as desculpas existe uma medida ideal e podemos concluir: as desculpas são nossas aliadas; mas, se abusarmos delas, tornam-se nossas inimigas.

DOENÇA

A educação oferecida por meio da família, da escola e da formação profissional nos abastece das informações trazidas pelos meios de comunicação, pelas conversas com amigos e pela experiência pessoal e nos fornece as técnicas para lidar com os acontecimentos rotineiros e previsíveis do cotidiano. Ela constitui as bases do hábito e da certeza que nos dão essa sensação: é assim que funciona, é assim que se faz! Mas o que podemos fazer se essa normalidade for rompida, se deixarmos de ser os atores de nossas próprias vidas — como quando ficamos doentes, ou experimentamos o sofrimento, perdemos o emprego ou uma pessoa que nos é cara? Os comportamentos aprendidos, em geral, em nada podem nos ajudar quando se trata de enfrentar situações como essas. Quando somos pessoalmente atingidos, corremos o risco de entrar em pânico, de perder o rumo, de cair em depressão ou de mergulhar no desespero da falta de sentido. Quando, por outro lado, deparamos com uma outra pessoa nessa situação, nós nos sentimos confusos, inúteis e inseguros; na verdade, nós nos sentimos ameaçados e não encontramos as palavras certas para dizer, pois não aprendemos a lidar com situações em que nada podemos fazer.

As ocasiões em que os médicos ou parentes se vêem colocados diante do dilema de dizer ou não a um paciente que ele está com uma doença fatal é que nos revelam o quanto as conseqüências da mentira e da verdade são uma questão existencial. Embora haja sólidas razões para se dizer a verdade, sabemos ao mesmo tempo que ela pode acelerar a morte, se em conseqüência da verdade o paciente perder a vontade de viver. A mentira, em contrapartida, poderia trazer consigo energias vitais, ou mesmo despertar novas energias. Há apenas duas décadas, pacientes com doenças graves recebiam poucas informações sobre sua doença, ou às vezes nem mesmo ficavam sabendo que tinham uma doença fatal. A justificativa para essa "tática da dissimulação" era a imaturidade ou a falta de conhecimento do paciente para poder entender direito sua situação; além disso, ele deveria ser poupado e protegido, para facilitar o trabalho do médico. Falava-se de "mentiras misericordiosas". No entanto, muitas vezes isso resultava em novos sofrimentos: quando se comunicava o diagnóstico aos parentes, eles em geral não conseguiam lidar direito com esse conhecimento, enquanto os pacientes, que queriam saber a verdade da boca do médico, ficavam sem saber qual sua verdadeira situação. "Todos querem saber a verdade" — é essa a tendência atual, e entre os médicos prevalece a opinião de que se deve sempre dizer a verdade ao paciente. A questão é apenas "como", "quando", e "quem" deve dizê-la. No entanto, o que acontece na realidade é que a maioria dos médicos tem muito pouco tempo para uma conversa minuciosa com seus pacientes, de modo que em geral são os enfermeiros e outros auxiliares que se vêem confrontados com as reações deles. Mas uma coisa é certa: não se trata de dizer impiedosamente a verdade, pois em toda procura da verdade, a esperança tem sempre a precedência.

A medicina moderna não torna muito fácil para as pessoas lidar com a doença. Por trás do jargão médico, escondem-se hábitos de pensamento que, se tomados ao pé da letra, revelam ter muito em comum com o exército ou a polícia: operação, agente invasor, foco de infecção, intoxicação. Sob essa óptica, a doença aparece como uma invasão, que somente pode ser enfrentada por meio de procedimentos agressivos. Essa "óptica da hostilidade" exclui por princípio a possibilidade de a doença ser também um modo autêntico e "verdadeiro" de expressão da pessoa e até mesmo um relacionamento autêntico dela consigo mesma — um modo de expressão de sua existência. Assim, com uma mão o médico ameaça com o medo, com a outra ele opera. O corpo, visto como um inimigo, torna-se o campo de batalha para procedimentos preventivos e operatórios. Estes, muitas vezes são até desnecessários, mas fazemos vista grossa a isso, quando por felicidade o mal temido não ocorre. Se considerarmos a medicina um reflexo de nossa atitude geral com relação à vida, ela nos revelará o seguinte: a vida é perigosa demais para embarcar nela sem preocupações, mas também é valiosa demais para abandoná-la. A mentira é o meio termo seguro entre o valor e o perigo presentes na vida, que se expressa como: quanto mais se protege a vida, mais ela se afasta e foge a nós.

"Vê se não faz tanto barulho por nada", diz o diretor da empresa, logo após um ataque cardíaco — à cabeceira está o ditafone, que ele não abandona. A idéia é ir em frente como se nada tivesse acontecido; de preferência, não pensar no que aconteceu, negar, reprimir e esquecer tudo, o mais rápido possível. Com essa mentira do tipo *"business as usual"* a pessoa repara a brecha aberta nos alicerces de sua vida. Se conseguir sair ilesa, ela volta a trabalhar sem grandes problemas, mas a alma está agora um pouco mais calejada. A mentira do tipo "faz-de-conta" bloqueia a capacidade de chorar e lembrar. Podemos designar essa atitude como "perda da alma", pois ela bloqueia a capacidade da pessoa de sentir tristeza pela própria infelicidade. Mas quando nega a doença, a pessoa é forçada a eliminar parte de sua vida, e isso a leva a um constante conflito consigo mesma, um conflito que precisa ser compensado por mentiras cada vez maiores.

Em geral, as pessoas lidam muito mal com as situações pouco habituais, que mudam a rotina do cotidiano. Além disso, todos nós vivemos hoje em dia sob a ditadura de um pensamento que promete vida sem limites, sem falhas, sem fracassos ou derrotas, e que tem como base um pragmatismo que nos impele a estar sempre buscando vencer e ser fortes, e no qual não há lugar para o sofrimento. Quem sofre, sofre por sua própria culpa! Não aprendemos a sofrer nem a sentir compaixão... Assim, sentimo-nos perdidos e desamparados junto ao leito de um doente ou de alguém que está à beira da morte: não sabemos se devemos fazer perguntas ou conversar, se devemos trazer palavras de encorajamento ou contar piadas. Quem decide ser otimista e "não dar trabalho" se disfarça com a não-aprendida "leveza do ser". A pessoa não deixa de ser sincera, mas ao mesmo tempo prefere ficar longe das perguntas e olhares incômodos que poderiam roubar-lhe a confortadora ilusão de imortalidade. Em vez disso, ela recorre a uma compaixão exagerada ou a um falso senso de justiça: "Que injustiça acontecer isso com você. Você não merecia isso".

O mais sensato é, como visitante, a pessoa tentar se comportar de modo "normal" também nessas situações. Por que temos tanta dificuldade em fazer isso? Por que recorremos às mentiras ditadas pelo sentimento de autopiedade e de compaixão pelos outros? Todos nós, num dado momento de nossas vidas, passaremos por algum tipo de experiência semelhante à da doença. Mas, em nosso cotidiano, nós procuramos abafar a consciência dessa dimensão, pois somente com a exclusão da morte o ser humano pode se sentir no pleno controle da realidade. Procuramos afastar de nossa consciência a doença e a morte, porque elas colocam em xeque a sensação, que prevalece em nossa sociedade, de que temos a realidade sob controle quase total. Nós as empurramos de tal forma para o futuro que as fazemos desaparecer de nosso campo de visão, e assim elas nos parecem irreais. No entanto, lá está, sempre à espreita, um medo latente ao qual não queremos nos render, porque ele poderia desintegrar nossa unidade interior. À expressão "render-se", nós em geral vinculamos a idéia de uma possível vulnerabilidade ou perda de controle, como acontece quando temos uma proximidade muito grande com relação a uma pessoa. Quem sente medo tende a reprimir a causa desse medo. Será que devemos então buscar enfrentar nossos medos, sem recorrer a qualquer proteção? Isso provavelmente não seria assim tão ruim — a mentira em todo caso se tornaria desnecessária.

Infelizmente existe também um tipo de franqueza que não ajuda grande coisa, pois ela não faz distinção de pessoa ou de momento. Talvez ela seja até mesmo a maior das mentiras. Quem deseja um magnífico feriado a um doente ou envia votos efusivos de boas férias a uma pessoa de luto está sendo sincero e atencioso, mas ao mesmo tempo está mostrando ou que fala sem pensar ou que não tem sensibilidade alguma. Em situações como essa, provavelmente, existe apenas uma alternativa: calar-se.

Talvez a forma mais humana de mentira seja a arte de esquecer e reprimir. Apenas fugindo temporariamente de nossos medos é que podemos nos reencontrar com a vida. Tanto adultos quanto crianças precisam desse tranqüilizante da alma. A capacidade de esquecer seletivamente, que as crianças em geral dominam muito melhor que os adultos, permite que encontremos um refúgio na inconseqüência, na exclusão e na evasão, um refúgio que nos permite voltar a viver nossa vida e compartilhar da vida dos outros. Se tivéssemos de estar sempre dando atenção a todos os medos e desapontamentos por que passamos, a vida provavelmente se tornaria uma tortura. Por isso, a capacidade de "desatenção" e de esquecimento não é o mesmo que memória fraca, mas sim uma arte, pois para ela vale a afirmação paradoxal: quem consegue esquecer tem boa memória. Até um certo grau, todos precisamos estar sempre repelindo de nossa consciência a lembrança da doença, da idade e da morte, que poderia penetrar demasiado profundamente em nossas vidas. Existem vantagens em poder excluir certas coisas, desde que não nos afastemos demais da nossa realidade. Em especial, as situações-limite e as fatalidades do destino, que podem transtornar nosso cotidiano, estão sempre mostrando que muitas vezes é inevitável buscar no esquecimento a proteção contra certas exigências da vida difíceis de suportar.

DROGAS

Costumamos dizer: *in vino veritas*, no vinho a verdade. A verdade dita sob a influência do vinho revela pelo menos uma coisa: sem as inibições e os controles que nos são inculcados, não conseguimos mentir. O vinho solta a língua. O distanciamento rígido com que nós nos cercamos se dissolve, as barreiras que construímos ao nosso redor caem, e de repente descobrimos quem somos e quem o outro é. A hipocrisia, o enganar a nós mesmos e a mentira cedem diante dos anseios e dos desejos íntimos que fazem grande pressão para vir à tona.

Mas, desde Aristóteles, um argumento sempre usado pelos adversários das drogas é o de que é melhor seguir a vida sóbrio que andar dizendo a verdade sob o efeito delas. Quem quiser entender a atual preocupação e as campanhas em nossa sociedade — dos terapeutas, dos religiosos ou da justiça — contra as drogas, deve ter em mente que todas elas convergem em última análise para um combate entre um sóbrio princípio de realidade e as viagens ilusórias ao paraíso propiciadas pelos tóxicos e as drogas. O sentido de nossas campanhas contra as drogas só fica claro quando nos lembramos de que por trás delas está uma concepção do que é a pessoa adulta que deve se preparar, obediente e sóbria, para o bem e para as expectativas deste mundo e atravessar a terra da verdade e da mentira sem a ajuda de drogas e de outros meios ilegais. Devemos essa disciplina da obediência aos estóicos, que se orgulhavam de ter-se libertado das perturbações da consciência e das flutuações dos estados da mente. A sobriedade e a não-alienação do mundo são oferecidas por religiosos, filósofos e terapeutas a preços em geral excessivamente altos. Eles se apresentam como os representantes do princípio de realidade num mundo bom o suficiente e oferecem seus serviços em troca de obediência e submissão ao inevitável.

Mas há milênios as pessoas tentam fugir à realidade deste mundo, quer por meio de técnicas de ascese quer com o auxílio de drogas que pelo menos em parte tornem o peso da vida mais fácil de suportar. E, por mais que seja estranho, não se deve esquecer que em todas as épocas e culturas as pessoas, pelo menos em parte, com o uso de drogas satisfizeram seus anseios por uma vida melhor ou com menos problemas. Por outro lado, as culturas antigas se distinguem da nossa, entre outras coisas, pelo fato de que elas faziam um uso ritualístico das drogas e não tinham problemas com as drogas. Suas experiências com as drogas eram de tal forma profundas que podiam proteger da dependência, pois não serviam a uma embriaguez privada mas, por assim dizer, funcionavam como "chaves para abrir as portas de acesso aos deuses". O vínculo das drogas com a dependência está hoje em dia vinculado à perda das garantias metafísicas e ao fato de que não conhecemos mais rituais sobre os quais basear uma relação com o arrebatamento provocado pelas drogas. Cada um de nós hoje em dia está em geral sozinho e ameaçado pelos nossos próprios anseios.

Não somos, no entanto, todos consumidores de drogas compensatórias? Não estamos todos nós, que fomos tirados da segurança e do aconchego da proximidade da mãe, jogados em meio à privação e expostos à aridez do mundo? "No princípio era a privação" sugere Peter Sloterdijk como título de uma história da cultura humana.[1] Provavelmente o que na verdade acontece é que todos nós mantemos nosso nível de drogas o mais baixo possível, para em certa medida preservar nosso senso de realidade — de acordo com a regra: "Tudo se resume em não ter mais preocupações do que bebidas, mas também em não ter mais bebidas que preocupações".[2] Não será uma moral equivocada excluir os dependentes de drogas porque optaram pela velocidade acelerada e pela autodestruição? Quem observar com cuidado não poderá ignorar que muitas das pessoas consideradas sóbrias também usam drogas, só que suas drogas se chamam dinheiro e sucesso. Ninguém é tão dependente de números, fechamentos de contratos ou negociações quanto a pessoa que sempre está sóbria. Tanto as pessoas dependentes quanto as sóbrias devem conviver com a dependência, e nossa sociedade as deixa isoladas com suas dependências, a menos que se associem a outros com a mesma dependência. A problemática específica da dependência está no fato de a pessoa dependente não admiti-la: ela bebe às vezes um pouco mais, toma de vez em quando algum medicamento; de qualquer forma, ela vai parar quando o *stress* tiver passado. Assim, mais ou menos, são as mentiras, que têm sempre o mesmo objetivo: ocultar os sentimentos de vergonha e culpa cada vez maiores e a verdadeira dimensão da própria situação. Essas mentiras são agravadas ainda mais pela minimização, pelo acobertamento ou pela não-aceitação

---

1. Sloterdijk, Peter, *Weltfremdheit*. Frankfurt, 1993, p. 127.
2. Sloterdijk, Peter, *op. cit.*, p. 159.

por parte do meio social. Também nesse caso os sentimentos de vergonha e culpa desempenham um papel importante, na medida em que em nossa sociedade a dependência é sempre considerada como algo imoral, desabonador e repreensível. Além disso, em conseqüência do tabu que a sociedade que exclui os dependentes produz em torno da dependência, a mentira entra em cena para negar os próprios sentimentos de culpa.

Dever-se-ia investir tempo no esforço para compreender o que motiva as pessoas a fugir deste mundo que, no entanto, é tão exuberante em cores. Mas estamos procurando a solução no lugar errado, quando apenas perseguimos as drogas. A campanha dos Estados Unidos, por exemplo, contra os prejuízos do fumo à saúde, chegou a assumir traços doentios. Mais uma vez foi encontrado um inimigo sobre o qual todo o mal foi projetado e que deve ser excluído por todos os meios. Todos os sinais indicam que está sendo propagada uma nova forma de *apartheid*. O poeta que fez experiências com as drogas, Charles Baudelaire, ainda pôde admitir abertamente "ter sido fumado pelo cachimbo". Hoje o fumo não é mais uma questão privada. Quem fuma se torna publicamente culpado e é perseguido com zelo missionário. Tanto para o fumo quanto para seu combate vale a afirmação: quando se tornam excessivos, tornam-se também tóxicos. Todas as culturas satânicas produzem novas mentiras e novas drogas.

DÚVIDA E DELICADEZA

"A base da coexistência entre os seres humanos é dupla: o desejo de todo ser humano de ser reconhecido pelos outros no que ele é, ou mesmo no que ele pode vir a ser, e a capacidade inata do ser humano de reconhecer os outros da mesma forma — escreveu Martin Buber."[1] A atitude que se expressa nessa afirmação parece-me — contrária ao espírito da afirmação egocêntrica de Frederick Perls: "Você é você e eu sou eu", ou ao da afirmação do Bhagavad-Gita: "Totalmente descontraído no aqui-e-agora" — colocar a questão da verdade e da mentira num contexto mais amplo. De acordo com ela, a verdade e a mentira seriam parte de uma sensibilidade e conhecimento intuitivo sobre a própria dependência e necessidade de proteção, de que compartilham todos os seres vivos. Isso nos dá pelo menos um critério: em caso de dúvida, é preferível usar a ética do coração — mesmo que com isso possamos errar ou nos sentir culpados. Em outras palavras: em caso de dúvida, decida-se pelo amor.

Não existe uma verdade, exceto a que é relativa ao ser humano. Ela também não pode ser posta em palavras sem que também venham junto coisas que pertencem a nosso íntimo. Para os ouvidos e a compulsão dos alemães pela organização, isso pode parecer obscuro ou intuitivo. Nós, alemães, preferimos instruções e indicações precisas e queremos saber: "Como se faz isso direito?" Os comentários como "Aonde chegaríamos se...", "Se todos fizessem isso ...", "O que aconteceria se..." e outros desse tipo muito freqüentemente servem apenas para abafar questões ligadas ao nosso íntimo e que não podem ser justificadas verbalmente. Ouvir a própria voz interior significa não poder dizer de modo exato e definitivo como devemos agir e nos comportar. "Mas isso poderia virar um caos", como se costuma dizer. Ouvir a própria voz interior poderia, no entanto, significar amadurecer e criar coragem e sobretudo: perceber o próprio eu interior. Para uma ética do coração, a solicitude e a preocupação com os outros são tão naturais quanto a possibilidade do conflito. Inúmeros exemplos de nossa história recente

---

1. Buber, Martin, *Urdistanz und Beziehung*. Heidelberg, 1960, p. 28.

mostraram isso. Basta nos lembrar de Schindler, cuja ardilosa ação durante a II Guerra Mundial salvou a vida de 300 mulheres judias. O pensamento apegado à ordem pretende separar tudo em categorias, interpretar as coisas ao pé da letra e separar tudo em compartimentos. Uma ética do coração contraria essa atitude, pois ela vive do que vai no nosso íntimo e reage de acordo com cada caso. A humanidade e o ser humano podem se desenvolver somente no momento em que deixamos de pensar em termos de mandamentos e proibições rígidos, em que nos dispomos a viver com o fato de que não existem regras simples de comportamento que bastaria seguir, com o fato de que não podemos ser donos da verdade: ao contrário, devemos estar sempre à procura dela. Uma ética desse tipo não serve como imperativo moral. Ela está mais relacionada com a atitude interior com que reagimos a uma situação concreta, em cada caso particular, com os exemplos que damos com nossas ações concretas, e com as ações que podemos imitar. Talvez com isso venhamos a descobrir verdades simples: como o coração pode estar aberto à gentileza, com que freqüência devemos, em vez de partir o coração de uma pessoa, transgredir a lei e a ordem, e o pouco que é preciso para nos aproximarmos de uma pessoa, quando, em vez de "Você está fazendo isso direito?", perguntarmos "Com o que você está preocupado?" O problema é que não aprendemos a fazer prevalecer a realidade interior de nosso coração contra as pressões do exterior. Sobretudo nossa educação alemã, para a qual é mais importante que a criança seja obediente e principalmente pontual, em vez de cheia de imaginação e com opinião própria, não contribui muito para que as pessoas aprendam a tomar decisões responsáveis, por si próprias e de acordo com cada situação. Penso aqui em especial na expressão: "Quem ama seu filho dá-lhe disciplina". O exercício da força considerado como expressão de amor tem entre nós uma tradição tão longa que nos acostumamos com essa mentira e não a notamos mais. No entanto, quem pensa com o coração não pode deixá-lo ter a última palavra, e para saber isso não precisa buscar orientação na pesquisa pedagógica. Mas, além disso, é também necessária a coragem do coração para ignorar as normas preestabelecidas.

O inventor da "ética do coração", Albert Schweitzer, demonstrou isso com seu modo de viver. Não é de surpreender que ele tenha sido um crítico acerbo da ética kantiana do dever, sobretudo pelo fato de Kant não admitir que o sentimento de compaixão pudesse constituir uma parte do comportamento ético. A base da postura de Schweitzer era uma ética do respeito à vida.

Se transferirmos essa atitude para o nosso tema, entrará em cena o antiquado conceito de "delicadeza". Este é um conceito que o sociólogo Helmuth Plessner já em 1924 vinculava ao contexto da diplomacia.[2] A delicadeza é o respeito pela realidade espiritual do outro e, dessa forma, a virtude do coração. A delicadeza é a capacidade de perceber as diferenças e nuanças, e a capacidade de diferenciar que linguagem falam a situação e as pessoas em seu comportamento e em sua alma. Nós precisamos das palavras, do pensamento e da atenção de uma mão amiga. A delicadeza é algo diferente da polidez. É o ato de solidariedade de uma alma para outra. Ela constrói laços, mas não prende. Ela é um raio de luz proveniente do amor. Ela se apóia na vulnerabilidade da alma e é voltada para as diferenças individuais presentes nos relacionamentos concretos entre as pessoas. A origem histórica da palavra alemã *zart*, da qual é derivado o termo *Zartheit* (delicadeza), corrobora com esses dois pontos. Em sua origem indo-européia *zart* tem parentesco lingüístico com *Schmerz* (dor) e com *Schinden* (maltratar), enquanto hoje está ligada aos termos: terno, delicado, íntimo, caro.

A verdadeira delicadeza que vem do coração tem algo de espontaneidade e graça. A graça surge quando estamos em harmonia com a ação que realizamos no momento. Na música, ao escrever, nas conversas com aqueles com os quais nos abrimos, ao andar.

---

2. Plessner, Helmuth, "Grenzen der Gemeinschaft. Eine Kritik des sozialen Radikalismus". (1924) In: *Gesammelte Schriften V, Macht und menschliche Natur*. Frankfurt, 1981, p. 107.

E não temos o direito de deixar a riqueza do nosso coração influir no nosso comportamento?

Nossa atitude com relação à verdade e à mentira sofre de uma valorização excessiva da consciência e das convicções. Mas seria uma atitude irrealista restringir a questão da verdade a uma questão de convicções, como se pudéssemos ou devêssemos ser constantemente fiéis a nossa consciência e de convicções. Não devemos sequer tentar fazê-lo. O amor e a responsabilidade, o coração e o intelecto são necessários para definir de modo humano o campo de tensões entre a verdade e a mentira. E mesmo o coração exige distanciamento, bom senso e conflito.

O que significa isso tudo para o nosso cotidiano? Todos nós sabemos que não é possível simplesmente nos mostrarmos como realmente somos. Precisamos de papéis e máscaras, pois eles nos protegem do exterior e influenciam o nosso interior. Para conquistar a atenção e consideração dos outros, devemos dominar o jogo do ocultamento e o "leve espírito da graça". Isso significa aproximar-nos dos outros sem feri-los; afastar-nos deles sem ofender. No dia-a-dia, em que não é preciso haver severidade, rigor ou valores exageradamente altos, e em que basta atingir um equilíbrio momentâneo entre as muitas oportunidades, interesses e conhecimentos, é necessário descobrir a leveza de espírito e a arte da amabilidade. O caráter transitório e casual das situações cotidianas, que às vezes nos conduzem a perspectivas e visões arbitrárias e desfiguram ou reduzem nossa individualidade, exige procedimentos e regras especiais. Não recorrer a essa proteção em nosso relacionamento com os outros é um risco muito grande, e a pura honestidade funciona como uma espécie de desmancha-prazeres. A verdade pode realmente ser mais forte que a mentira, mas, na luta por consideração e respeito, nós não podemos sobreviver sem recorrer a dissimulações ou disfarces. O que está aí em jogo é nossa dignidade humana.

Porém, o que não podemos evitar é perguntar-nos se podemos resistir ao nosso juiz interior. Se nos protegemos em demasia, existe o perigo de nos tornarmos irreconhecíveis. Se nos mostramos aos outros sem algum tipo de proteção, corremos o risco de parecer ridículos. Nós precisamos das duas coisas: em benefício de nosso próprio espírito, precisamos revelar, simultaneamente ocultando, o máximo possível de nós mesmos e, ao mesmo tempo, precisamos buscar um modo de garantir tanto um máximo de sinceridade quanto um máximo de proteção. Esse é um caminho que deve iniciar-se pela aceitação de que nem possuímos a verdade e nem podemos pretender reivindicá-la para nós. Um caminho que nos convida a trabalhar com o coração e o intelecto, para juntos encontrarem verdades.

ENGANO

Todos nós temos necessidade de receber reconhecimento e admiração. Nós conseguimos reconhecimento, em primeiro lugar, quando nos destacamos por uma capacidade especial ou quando descobrimos ou inventamos algo novo. Esse é um dos muitos motivos por que, na ciência e na pesquisa, em estatísticas e experimentos, são tão freqüentes os "retoques", as manipulações e as mentiras.

O provérbio "A mentira tem pernas curtas" é uma curiosa imagem da mentira, uma personificação dela. Como se a mentira fosse uma pessoa que pode ou não correr. Mas, pensando bem, quem tem as pernas curtas são as crianças. Talvez aí também esteja presente a idéia de que as crianças sejam as únicas que mentem — mas essa seria uma lição muito enganosa. Naturalmente o que a expressão "pernas curtas" está indicando é a rapidez com que as mentiras são descobertas, mas, ainda assim, é surpreendente a imagem concreta com que é sugerida uma idéia que está sempre sendo contestada pela experiência. Pois em geral as mentiras têm pernas compridas: elas vêm à tona somente depois de anos, ou então em conseqüência de acasos curiosos.

Um exemplo típico de toda uma carreira apoiada numa mentira, e que somente após setenta anos foi desmascarada, é a do piloto de avião e oficial da marinha americana Richard Evelyn Byrd (1888 a 1957), que durante toda sua vida foi famoso e enriqueceu com a mentira de ter sido o primeiro homem a sobrevoar o Pólo Norte, em 9 de maio de 1926. Desde o início havia dúvidas quanto a seus relatos, mas essa mentira teve "pernas compridas" o suficiente para, em razão de seu "feito heróico", facilitar sua ascensão profissional e garantir-lhe grande respeito até sua morte; seu nome chegou até mesmo a ser incluído em todas as enciclopédias. A mentira só foi descoberta quando seu co-piloto admitiu mais tarde que tiveram de desistir e não chegaram a seu destino. Ele, no entanto, foi pressionado pelo irmão do herói e teve de divulgar a verdade numa versão atenuada, como algo sobre o que "hoje se duvida". Só 25 anos mais tarde, quando o diário dessa façanha foi descoberto e transcrito, é que puderam ser apresentadas provas definitivas de que Byrd e seu co-piloto não chegaram ao destino planejado e de que também tinham conhecimento disso. Eles tiveram de tomar o caminho de volta devido a uma pane e prolongaram o retorno o suficiente para tornar plausível a façanha. Em conseqüência de uma mentira, ele não apenas foi celebrado como herói nacional: ele também roubou a vitória aos adversários. Os primeiros a realmente sobrevoar o Pólo Norte, dois dias depois, foram o norueguês Amundsen, o italiano Nobile, o americano Ellsworth e mais treze homens a bordo de um dirigível. Ainda que R. E. Byrd nunca soubesse que sua mentira foi desmascarada, ele provou que as pernas das mentiras podem ser vigorosas e ter vida longa.

ESQUECER — REPRIMIR

Esquecer e reprimir são conceitos que fazem parte de nossa experiência cotidiana. Nós nos irritamos com nossa própria falta de memória e com a dos outros. Ao nos reprimirmos, por outro lado, nós nos sentimos constrangidos e com a consciência pesada. No alemão, palavras que se iniciam pelo prefixo "ver", como *vergessen* (esquecer) e *verdrängen* (reprimir), têm em geral uma conotação negativa. São palavras suspeitas, porque indicam que se está "evitando algo", e porque estão associadas a um "fazer errado" ou "fazer ao contrário". Elas estão sempre num campo de significação que pode ser demarcado por relações de oposição: em vez de esquecer, devemos nos lembrar; em vez de reprimir, temos de nos tornar conscientes, e assim por diante.

Como terapeuta, estou sempre vendo como a capacidade de esquecer e reprimir pode ser uma dádiva para as pessoas. Nós, terapeutas, conhecemos os perigos de um confronto com a própria história de vida, que às vezes pode ser desestabilizante a ponto de provocar colapsos e está longe de ser salutar. Existem pessoas que só conseguem sobreviver por meio da repressão, porque foram criadas sob condições em que não era possível qualquer válvula de escape por meio da linguagem.

A própria linguagem cotidiana permite perceber que a capacidade de esquecer e reprimir também segue regras sobre as quais nós temos um controle apenas limitado. Assim dizemos que "o tempo cura as feridas", "com a idade ficamos esquecidos", "poder esquecer é uma bênção". Isso se vincula ao fato de que a capacidade de lembrar-se é muito mais que o acesso a informações de banco de dados. A memória, de certa forma, iguala o presente e o passado e estabelece associações de idéias que dão origem ao sentido de tudo e à nossa própria biografia. Não apenas os indivíduos, também os povos dispõem de uma "memória coletiva", de formas específicas de memória, e é a meio caminho entre ambos esses tipos de memória que se encontram os "pontos brancos" da capacidade de esquecer e reprimir. Basta lembrar o lado obscuro da história recente da Alemanha. A mídia, a historiografia e o questionamento crítico da geração mais jovem foram trazendo à tona sempre mais fatos, de tal forma que se tornou impossível ocultá-los e reprimi-los. A partir de então, "lembrar-se" passou a ser um dever. E a lembrança não pode voltar a ser deixada de lado com facilidade: esquecer muitas vezes é mais difícil que lembrar. Todos nós somos constituídos por um entrelaçamento de esquecimento e lembranças seletivas, sem o que nossa vida seria intolerável. A capacidade de esquecer também nos dá tempo para viver sem estar constantemente nos lembrando da morte.

Talvez a arte de esquecer e reprimir seja a forma mais humana e generosa de mentira — com relação aos próprios erros e fraquezas, bem como aos dos outros. Apenas a fuga temporária de nossos medos nos reaproxima da vida. Tanto as crianças quanto os adultos precisam desse tranqüilizante da alma. A capacidade seletiva de esquecer e reprimir, que as crianças muitas vezes dominam melhor que os adultos, nos permite encontrar um refúgio na inconseqüência, na fuga, na exclusão, enfim, na reconciliação — o que pode nos reaproximar da vida e também nos levar a partilhar da vida dos outros. Se estivéssemos sempre conscientes de todos os nossos medos e decepções, nossa vida provavelmente seria uma tortura. Por esse motivo, a capacidade de não levar em consideração e esquecer, ao contrário da memória fraca, é uma arte, pois o paradoxo é verdadeiro: quem consegue esquecer consegue ter uma boa memória. Até um certo grau, nós precisamos saber fazer com que todo conhecimento que pode influenciar nossas vidas de modo demasiado profundo possa também voltar para o segundo plano. Existem vantagens em se poder eliminar certas coisas de nossa consciência, desde que não nos afastemos demais de nossa própria realidade. São em especial as situações-limite e os golpes da fatalidade que estão sempre nos mostrando que muitas vezes é inevitável procurar nos proteger de certas pressões insuportáveis.

EVOLUÇÃO

Não é estranho que possamos rir das manobras fraudulentas, das artimanhas e dos blefes das outras espécies do reino animal, sem com isso sofrer ou sentir raiva? Mas nós reagimos de modo diferente quando são os seres humanos que mentem ou enganam, pois nos identificamos com a pessoa enganada ou vítima da mentira e passamos a ter algo com o medo. Quando reconhecemos que a mentira, assim como a ação de enganar que induz ao erro, pode ocorrer em fenômenos onde estão ausentes as palavras, uma olhada na natureza nos permite perceber que também nela mentir e enganar fazem parte da sobrevivência no dia-a-dia.[1] Onde se impõe o comer e ser-comido, disfarçar e enganar são técnicas de sobrevivência obrigatórias. Lembremo-nos das lagartas, em seus "trajes" que simulam os desenhos da pele das cobras, ou das moscas, que diante do ferrão de uma vespa pode mudar sua cor para preto e amarelo, ou da aranha-do-mar, um caranguejo que se protege dos predadores decorando o corpo com plantas e pequenos pedaços de esponjas marinhas. Ou os mestres da mímica do ataque, certos polvos que podem imitar com perfeição não ape-

---

1. Eu gostaria de me remeter ao instigante artigo de Volker Sommer, *Lob der Lüge: Täuschung und Selbstbetrug bei Tier und Mensch*, Munique, 1992, bem como ao excelente livro *Tarnung und Täuschung bei Tieren und Pflanzen*, de Helge Zabka. Hannover, 1990.

nas o ambiente em que se encontram, mas também atraem sua presa, de uma considerável distância, com uma espécie de vara de pesca com uma isca, situada acima do lábio superior. Mas até mesmo os companheiros de espécie não perdem uma oportunidade de enganar-se entre si.

Nossa experiência cotidiana leva muitos de nós a considerar a prática de enganar os membros da mesma espécie como uma característica do ser humano, enquanto os animais mentiriam e enganariam apenas para os membros de espécies diferentes da sua. Esse preconceito é refutado por incontáveis exemplos. Existem animais que também enganam, não enquanto se comportam segundo o padrão de sua espécie, mas enquanto indivíduos. Basta apenas observar o mestre da astúcia, o chimpanzé, e o modo como por exemplo impede a fêmea de abocanhar o alimento desejado, ao habilidosamente tramar uma relação sexual. Ou algo mais refinado ainda: um chimpanzé macho consegue bananas para comer de um esconderijo que somente ele conhece. Assim que um outro membro do grupo se aproxima, ele se afasta do lugar e olha numa outra direção. O outro continua seu caminho, mas se esconde atrás de uma árvore. Achando que está em segurança, o primeiro chimpanzé volta ao esconderijo, mas o outro macho mais forte logo está de volta e rouba-lhe o alimento. Assim, os primatas superiores não apenas enganam, mas também têm comportamentos em que o que tenta enganar acaba sendo enganado. Também os babuínos são capazes de blefar: um babuíno de porte médio segura um filhote com tanta força que este começa a gritar. Imediatamente alguns animais adultos correm até ele para puni-lo; ele então se põe numa atitude de expectativa e fixa o olhar a distância. O resultado é que então os outros também olham atentos, e naturalmente se esquecem por completo da punição.

Mesmo as inocentes plantas empregam outros recursos além da atração por meio de perfumes e cores, para garantir a polinização. Elas se reproduzem também com o auxílio do mimetismo, da mentira e da simulação. Sobretudo uma espécie de orquídea, que com seu perfume erótico se faz passar por uma vespa fêmea e, assim, atrai amorosamente os machos para as pétalas de suas flores — logo ela está polinizada...

Voltando ao ser humano. Sua capacidade de mentir, dessa forma, não é nada de muito especial na natureza. Alguns biólogos que pesquisam a evolução das espécies defendem a tese de que a capacidade de enganar oferece uma vantagem em termos de seleção natural, que aumenta as chances de um indivíduo da espécie deixar descendentes e com isso transmitir seus genes. Eles consideram nossa história da evolução como um processo de "hominização" pelo qual nós nos tornamos seres humanos, um processo que resultou da necessidade de empregar manobras e estratégias para enganar, cada vez mais complexas e habilidosas, que nos permitissem lidar com a crescente desconfiança recíproca nos relacionamentos. Com isso, não apenas nossos cérebros se tornaram maiores, também os enganadores se proliferaram mais intensamente que os "honestos" já que os que tinham essa habilidade tinham também chances de transmitir seus genes a um número maior de descendentes.

A teoria do jogo* tem pesquisado fartamente esse fenômeno com o nome de "dilema do prisioneiro".[2] O nome provém da situação que o fenômeno retrata: um prisioneiro recebe a opção ou de trair um companheiro da prisão e ser libertado (princípio do egoísmo) ou dar-lhe cobertura e arriscar-se a uma punição pesada, caso o outro o denuncie (princípio da cooperação). Qual seria a melhor estratégia de cooperação? A teoria do jogo encontrou uma estratégia evolucionária estável para o dilema do prisioneiro. A estratégia

---

* Termo teórico utilizado por uma área da matemática aplicada às ciências sociais que envolve a relação entre diversos interesses em conflito (de modo análogo à competição no jogo). As bases da teoria foram estabelecidas por John von Neumann, nas décadas de 20 e 30. (N.T.)

2. A expressão foi cunhada em 1950 por Merril M. Flood e Melvin Dresher e mais tarde utilizada num contexto mais formal por Albert W. Tucker.

de nome *tit for tat* ("olho por olho") apóia-se nos comportamentos de vingança e perdão: coopere e parta inicialmente do pressuposto de que o outro não vai enganá-lo, e faça então, a cada vez, exatamente o mesmo que o outro acabou de fazer. Assim, se o outro o estiver enganando, pague na mesma moeda na próxima oportunidade. A regra é: nunca seja o primeiro a enganar! Quanto mais propagado esse modo de proceder numa sociedade, menos vale a pena enganar. Essa estratégia instiga a um comportamento que é vantajoso para ambos os parceiros e que permite que eles tenham suas garantias um com relação ao outro.[3] Essa regra do *tit for tat* ("olho por olho") não seria uma boa sugestão para pessoas em posições de comando? Não seja ambicioso e invejoso, não prometa mais do que pretende cumprir, não seja o primeiro a quebrar a palavra, retribua a cooperação tanto quanto a traição, tente ser claro e não tente ser esperto demais.

FOFOCA

Na política e na economia, na mídia, no esporte, nas lojas, nos hospitais, nos barzinhos e lanchonetes, em casa, no cabeleireiro, na rua, em toda parte nós fazemos isso: fofocamos. Naturalmente sem-

---

3. A prova de que o egoísmo pode conduzir à cooperação foi resumida por Robert Axelrod, um poliglota de Michigan, da seguinte forma: "A cooperação recíproca pode surgir num mundo de egoístas mesmo sem um controle central, desde que se origine num grupo de indivíduos envolvidos num trabalho em conjunto". Extraído de: Hofstaedter, Douglas R., "Metamagikum. Kann sich in einer Welt voller Egoisten kooperatives Verhalten entwickeln?" In: *Spektrum der Wissenschaft*, 8/1983, p. 14.

pre houve o mexerico, as histórias mentirosas, conversas e heróis de botequim e madames no cabeleireiro. Mas a novidade é que somente em nossa época esse contato mexeriqueiro e mal informado se tornou material para a imprensa e os meios de comunicação. Principalmente a opinião pública, atualmente presta menos atenção do que nunca que existem situações e acontecimentos que precisam de um espaço interior no qual possam amadurecer. Ela destrói esse espaço com fofocas, e como a fofoca é o melhor negócio para todos, ela jamais tem um fim.

O que é que nos faz dependentes de uma quota permanente de uma determinada matéria — seja conversa fiada, fofoca, informações, notícias, histórias, rumores? Por que nunca ficamos totalmente satisfeitos? Por curiosidade? Por necessidade de conversar? Por desejo de dominar? Por sede de novidades? Provavelmente, por um pouco de tudo isso e alguma coisa mais. De qualquer forma não há como evitar isso, pois desde que as pessoas conversam umas com as outras tem sido assim. Também os sermões de moral contra a tagarelice não fazem mais do que se prolongar com palavras inúteis. Afinal quem se interessa por uma história da forma trivial com que as coisas ocorrem em nosso cotidiano? Somente quando "adornados" os fatos trazem emoção e colorido para as histórias do dia-a-dia — e para a própria vida.

Sem dúvida, temos uma necessidade elementar de fofocas que não conhece limites geográficos nem distinções de sexo. Uma boa parte de nossa comunicação consiste em informações incertas, não confirmadas e não garantidas sobre colegas, grupos, instituições ou acontecimentos. Mas nós não vemos como mentiras as meias-verdades que nos são oferecidas, e sim como expressão de uma determinada atmosfera especificamente criada para nos afastar um pouco da trivialidade do cotidiano. A atração pela fofoca mostra como nos servimos de uma forma de obtenção de conhecimento que, ao contrário do esforço e detalhismo da vida no trabalho, provém da atmosfera, do prazer, do não levar a verdade "tão-ao-pé-da-letra" e dessa forma do não levar a mentira "tão-a-sério", agradavelmente temperados com um tom picante de indiscrição e de meias-verdades. Mas muitas vezes são essas as mentiras que têm as piores conseqüências, pois é possível nos defender das mentiras diretas, mas não da fofoca.

O que inspira e torna a fofoca necessária é um conjunto de gratificações. Segundo a psicologia, ela sacia nossa necessidade de encontrar válvulas de escape para nossos medos e hostilidades. Mas essas não são as únicas gratificações. Na verdade existe toda uma série de atrofias em nossa vida que dão a ela um tom cinzento: a impossibilidade de dar imediata vazão à própria raiva, a impossibilidade de se expressar, a impossibilidade de fugir às preocupações do cotidiano. A fofoca nos oferece uma oportunidade de escapar a tais condições, na medida em que torna possível a referência a pessoas e situações que dão colorido e emoção à vida. Ela diverte, ela permite à pessoa impor-se com segurança e descontração, sem ter de entrar em confrontos diretos. Ela faz com que a pessoa se sinta "melhor", por não ter arriscado fazer o que o outro fez ou talvez devesse ter feito. Ela faz com que a pessoa permaneça oculta. Ela faz com que a pessoa consiga saber as coisas sem deixar que saibam que ela sabe; faz com que ela veja sem ser vista, reconheça sem ser reconhecida. Como detentora de segredos, a pessoa se torna objeto de atenção — e até de inveja — e conquista um verniz de importância e poder. Ela também não corre riscos e pode ficar protegida nas sombras, ao trazer à tona os defeitos e as desgraças dos outros, em vez das próprias fraquezas e deficiências.

O fato de que somente podemos identificar e viver a nossa individualidade por meio do reflexo dela nos outros deu origem ao conceito de "projeção". A projeção desempenha um papel importante na fofoca. Quando perguntamos o que queremos comunicar por meio de um determinado tipo de indiscrição ou hostilidade, nós em geral deparamos com nossas próprias qualidades e comportamentos — que gostaríamos de evitar ou não queremos admitir e que preferimos ver atribuídos aos outros. Em geral o que o fofoqueiro revela com seu comportamento é uma baixa auto-estima ou um "estranho desejo de reconhecimento".[1]

A fofoca não só satisfaz a nossa necessidade de ser notados, mas também é indispensável para estabelecer o sentimento de integração e intimidade necessário aos grupos e parcerias. Nada une mais as pessoas do que elas poderem se juntar para exorcizar seus demônios à custa de terceiros que não estão presentes e não podem saber que são objeto da fofoca alheia, ou que pelo menos procuram salvar as aparências fingindo nada saber. Na verdade é indiferente o objeto da fofoca, o importante é que se encontre uma vítima em comum. Também não se faz fofoca sobre quem é feliz, saudável ou bem-sucedido, mas sobre os erros, as desgraças e os fracassos dos outros. Assim, está aí em ação mais um controle social: a pessoa que se afasta da norma "para baixo" ou devido a atitudes específicas, a que sente as coisas de modo diferente dos outros, a que é mais livre do que os outros, ou que muda de grupo ou trai o grupo — é denunciada e "posta no seu lugar" pela fofoca. Assim quem não corresponde às expectativas, torna-se automaticamente vítima das fofocas, o que num certo sentido é um traço universal do comportamento humano — o medo do desconhecido. Assim se fecha o círculo vicioso, pois, por medo de ser marginalizada, depreciada ou excluída da sociedade, a pessoa se adapta às expectativas dos outros, e para poder "se relacionar" faz afirmações, insinuações ou conta pequenas histórias maldosas. A risada, a satisfação, a alegria pela desgraça alheia, que se produzem quando de uma conversa descontraída se passa para uma "caçada" por diversão, são muitas vezes confundidas por alguns com "viver", pois na fofoca em que as coisas são ditas por dizer, a pessoa em última análise fecha-se a uma real compreensão de si mesma e do outro. No fundo, a curiosidade e o sensacionalismo sempre à cata de novidades manifestam simplesmente a inconstância, o sentimento de exclusão e a "claustrofobia"

---

1. Thiele-Dohrmann, Klaus, *Der Charme des Indiskreten. Eine kleine Geschichte des Klatsches*. Zurique/Düsseldorf, 1995, p. 199.

(R. Sennett) de nossa existência cotidiana. Por mais que estejam conversando entre si, para os fofoqueiros não se trata nunca de uma compreensão real, mas sim do contrário — da obtenção de prazer e distração, de evitar um conhecimento ou uma percepção mais profunda da vida do outro e da própria. Não se trata de conhecer a pessoa que está sendo difamada, mas sim de degustar com prazer o que é relatado.

No entanto, o jogo social da "fofoca" não tem apenas aspectos sombrios; ao contrário, não é à toa que se fala do charme da indiscrição ou do prazer da descoberta. Sem essa válvula de escape, em geral envolta num certo acanhamento, isto é, acompanhada de um latente sentimento de culpa, nosso mundo provavelmente seria muito pobre em colorido e encantamento, pois, por mais importuna que possa ser, a fofoca afinal compensa as decepções por *thrills* [emoções] que deixamos escapar, satisfaz nossa curiosidade insaciável por uma ração de histórias de todo tipo, torna possível romper com os limites estreitos das convenções sociais e permite tomar parte na agitação e atividade de nosso mundo. Usando de um certo eufemismo: a fofoca torna possível a participação nas desventuras dos outros. Dessa participação pode surgir a empatia e a solidariedade, se ela não for usada como arma, como acontece na fofoca maldosa. E o ganho para o próprio eu é na verdade inestimável pois, em última análise, queira ou não, a pessoa revela menos os pontos fracos dos outros que os próprios medos, desejos e fraquezas que ela se recusa a aceitar. Como um bumerangue, a fofoca de certa forma oferece autoconhecimento — de graça. Se ela deixasse de existir, nós nos tornaríamos um pouco mais pobres.

FRIEZA

O que a frieza tem a ver com a mentira? Não é invejável conseguir manter-se impassível e dominar a "arte da frieza" diante da perda da calma do cotidiano? A mentira presente na frieza é o poder de se distanciar e saborear essa capacidade por mínima e mais fugidia que ela seja. Sua mentira significa: estar junto, mas não fazer parte. Indiferença acentuada, frio distanciamento, discrição ostensiva — é a atitude dos que erigiram como princípio de vida a mentira de um desalento inconfessado. Sua mensagem é: eu não me deixo desconcertar por nada. Não quero ser amigo nem inimigo de ninguém. Não tomo posição. Não devo obediência e ninguém pode dizer que eu me contradisse alguma vez. Não me sinto atingido por nada. Com isso se forma a atitude emocional que simula uma espécie de proximidade da pessoa consigo mesma.

Depois da tendência generalizada à manifestação dos próprios sentimentos que tem caracterizado as últimas décadas, a atitude de mostrar-se frio e manter a impassividade sem dúvida tem em si algo de reconfortante e até mesmo estético. Mas em que consiste essa estética? Exteriormente numa indiferença invejável, temperada por uma busca de não-envolvimento e um frio distanciamento, que por assim dizer permite "congelar" os interlocutores, na medida em que eles não encontram receptividade. A pessoa fria põe o interlocutor fora do jogo, numa situação em que ele permanece apenas como uma figura em segundo plano que não pode esperar nem simpatia nem hostilidade, mas no máximo uma indiferença educada. Sobretudo nas grandes cidades as pessoas frias estão na ofensiva; aparecem nos grupos certos e nos grandes cenários políticos, seja na direita seja na esquerda — são sempre bem-sucedidos, ambiciosos, eficientes e seguros de si. Não deixam traços de sua presença, pois sua fórmula diz: apenas não mostre nenhum sentimento. Em outras palavras: fisicamente próximo, mentalmente distante. A pessoa encena uma espécie de "inocência", na qual permanece sem dever nada a ninguém e na qual ela mantém tudo em suspenso: no amor, no gosto, no envolvimento. Tudo que tenha algum traço de sentimento humano torna-se de alguma forma ridículo, todo entusiasmo e toda emoção se tornam suspeitos, toda compaixão e toda solidariedade, apenas um traço de polidez.

A frieza é muito negativa para a moral. Seu charme sedutor está em sua promessa, nunca cumprida, de responder à proximidade humana com a proximidade moral. Sua mentira está na ausência de compromisso, no fato de nunca assumir uma posição, de acreditar poder se furtar à responsabilidade moral. A simulação dessa "insuportável leveza do ser" (Milan Kundera) é expressão de extrema irresponsabilidade e passividade. Onde quer que esteja, a pessoa fria sabota o compromisso e a certeza. Ela não participa, porque "está acima das coisas", de modo que todos à sua volta se sentem mal pelas próprias emoções e pelos entusiasmos do cotidiano. A indiferença da pessoa fria envergonha, sua autoconfiança torna os outros inseguros, sua dissimulação perturba, sua arrogância ultraja toda pessoa medianamente sensível e irritável. Porque aparentemente é imune a toda insegurança ou perturbação, porque aparentemente é refratária a toda crítica, ela se torna a mais alta representação do mentiroso, não por sua falsidade, mas por sua imperturbável elasticidade.

HERMES

Uma vez que o ser humano conhece mais sobre si do que ele consegue comunicar aos outros, vale a pena, nesta abordagem dos temas da mentira, engano e ilusão, incluir a linguagem do poeta e do visionário. Muitas vezes encontramos nos mitos verdades que somente neles podem ser expressas. Os relatos míticos remetem a modelos primitivos ou, como os denomina C. G. Jung, arquétipos, que exercem influência sobre nosso comportamento e sobre a geografia da nossa alma. Dessa forma, os mitos podem ser modelos de como iremos perceber a realidade no presente e também no futuro. Isso produz familiaridade e previsibilidade e responde à nossa necessidade de respostas em meio a um mundo extremamente complexo. Dessa forma, os relatos míticos não devem ser julgados por meio de avaliações racionais para se decidir se são verdadeiros ou falsos, corretos ou incorretos. Eles são antes imagens arquetípicas da alma, com as quais podemos nos aproximar de nossas verdades espirituais e de imagens de um mundo que está aí para os seres humanos.

Talvez a mais impressionante imagem do jogo entre mentira e verdade seja a da metáfora arquetípica de Hermes. O deus Hermes, conhecido como "senhor dos caminhos e fronteiras", coloca-se nos limites de nossas almas onde termina o âmbito do conhecido e começa a esfera do novo, do intransponível. Hermes, o deus do comércio, da artimanha e do roubo, já no primeiro dia de sua vida rouba as vacas de seu irmão Apolo e usa uma artimanha habilidosa para levar os animais: faz o gado andar para trás e faz sandálias para si próprio que tornam as próprias pegadas irreconhecíveis. Lopez-Pedraza interpreta essa simulação do movimento na direção errada como metáfora para o procedimento do roubo espiritual.[1] As sandálias representam as atividades naturais das pessoas. É curioso que Hermes roube justamente seu irmão. Será que isso significa que faz parte de nosso desenvolvimento anímico roubar quem está espiritualmente mais próximo de nós? Ou será que significa que fazem parte de nosso crescimento a imitação e a absorção espiritual, para

---

1. Lopez-Pedraza, Rafael, *Hermes oder die Schule des Schwindelns. Ein neuer Weg in der Psychotherapie*. Zurique, 1983 (versão inglesa: 1977), pp. 40 s.

depois, a partir do que aprendemos dessa forma, criar algo próprio, adquirir uma fisionomia própria? Pelo menos chama a atenção a naturalidade com que Hermes mente e rouba, como se fosse a coisa mais normal no mundo. Na verdade, quando Apolo o acusa e os dois, por fim, chamam Zeus, o pai dos deuses, para decidir a disputa, já que não conseguem chegar a um acordo, Hermes mente sem constrangimento e nega o roubo. O descaramento de sua história mentirosa faz Zeus rir e mesmo a raiva de Apolo, o amante da verdade, se derrete ao toque da lira do irmão Hermes: ele o perdoa com um gesto generoso, renunciando ao seu gado.

Isso significa que as pessoas podem enfrentar melhor a vida recorrendo a mentiras? A pessoa honesta seria então uma tola? Evidentemente, estamos aqui numa encruzilhada: de um lado, em nossa necessidade de respeitar a disciplina, nós sentimos a ação de Apolo, o deus da verdade; de outro, isso freqüentemente parece impossível ou prejudicial à nossa vida, e surge então, em nossa arena interior, Hermes — o deus da artimanha, da transgressão de limites, do roubo e dos viajantes. Ambos têm suas esferas de domínio na geografia de nossa alma. Ambos simbolizam forças arquetípicas que atuam em nós. Ambos querem e devem se manifestar em nossa vida. Por mais essenciais e importantes que sejam os valores de Apolo — afinal nossa sociedade, nossa segurança e nosso direito se baseiam nesses valores — eles precisam, no entanto, de um contraponto que afaste o perigo da petrificação e garanta o movimento e a transgressão de limites. Sem Hermes não seria possível a interação entre as nossas diferentes forças espirituais. Hermes nos dá a agilidade, a possibilidade de transformarmos a nós mesmos — e esse é justamente o contraponto de que Apolo precisa. Hermes força-o a redefinir seus dogmas e diretrizes. No entanto, se Hermes assumisse as rédeas, correríamos o perigo de ceder ao delírio e ao caos, seríamos impelidos em todas as direções como um caniço ao vento. Todos nós vivemos mais ou menos pela metade tudo aquilo que recebemos como nossa constituição própria e, dessa forma, é preciso estar sempre integrando tudo o que foi negligenciado ou ignorado. Para o desenvolvimento de nosso espírito são necessários ambos: o centro de gravidade do amor apolíneo à verdade e a agilidade e a capacidade de artimanhas do pequeno irmão Hermes — essa é a mensagem do hino homérico.[2]

HISTÓRIAS

"Deus criou o ser humano porque gosta de histórias", diz o prêmio Nobel da paz Elie Wiesel, que sobreviveu aos campos de concentração de Auschwitz e Buchenwald. Para compreender a si própria, a pessoa precisa "viver" as próprias histórias e as histórias dos outros. Nas histórias nós podemos experimentar possibilidades, avaliar o que é verdade ou mentira, o que é possível e o que não é possível dizer. As histórias são como palcos extras nos quais fazemos experiências, brincamos com a verdade, onde podemos mudar completamente nosso comportamento e descobrir modos alternativos de agir. As histórias oferecem locais de refúgio e abrigo, onde a vida é mais suportável ou menos perigosa, onde podemos viver experiências com uma impunidade que é impossível na vida real. Em nossas histórias, nós temos a oportunidade de "falsificar" a vida, às vezes de modo sutil, às vezes de modo grosseiro, ao resumi-la ou ampliá-la numa rede de palavras de modo a torná-la acessível aos outros. As histórias satisfazem nossa necessidade de uma vida diferente da que temos. Elas são contadas para que as pessoas experimentem uma vida a cuja não-existência elas não querem se resig-

---

2. As sugestões para esses comentários devo a Allan Guggenbühl. Cf. seu texto: "Aspekte der Wahrheit". In: Guggenbühl, A., *loc. cit.*, pp. 26 ss.

nar. As histórias são importantes para a sobrevivência, como para Cherazade, que preservava sua vida por meio das narrativas, ou como para Kierkegaard que afirmava: "Eu me salvo e me mantenho vivo escrevendo". A vida de Kierkegaard revela o perigo que também ameaçava Cherazade: sem escrever, sua vida estava praticamente acabada.

Sem as histórias que contamos a nós mesmos ou que ouvimos dos outros, seríamos a-históricos, expatriados do tempo. Não existe nada mais trágico do que uma pessoa que não pode ou não consegue contar sua história, pois ela está condenada ao silêncio. Ou a pessoa que tem uma história de vida rígida que não deixa espaço livre para nada, ou que está condenada a uma história planejada e pré-programada.

Precisamos de histórias não apenas como marcos e sinais em nossos caminhos: precisamos das histórias para exprimir nossa esperança de que o mundo poderia ser diferente e para manifestar nosso anseio por uma vida melhor. A fantasia presente nas histórias é o modo mais simples de nos reconciliarmos com as condições de nossa vida e, ao mesmo tempo, a negação da advertência puritana "não invente histórias", que sugere ingenuamente que as histórias seriam mentiras. Entre os monges e os eremitas podemos ver quanta ascese e esforço sobre-humano são necessários para viver sem a ração diária de novas histórias e sem a possibilidade de, por meio delas, organizar certas esferas de nossa vida. Não apenas as crianças, também os adultos precisam do espaço de "desafogo", isto é, do espaço para a encenação das histórias em que nos movemos livres e despreocupados e no qual nos responsabilizamos pelas coisas de modo diferente do habitual. Quem quiser punir uma criança deixe de contar-lhe uma história para dormir; quem quiser acabar com o café da manhã dos pais tire deles o jornal, e da avó, a fofoca do café da tarde. Todos sofrerão de um tipo de abstinência e reagirão com irritação, o que desaparecerá imediatamente, ao receberem de novo a sua "ração".

Existe uma concordância tácita de que o relacionamento recíproco, fácil e sem atritos exige que envolvamos as histórias de nossas vidas em diferentes trajes e as contemos de diferentes formas — eu as conto a uma criança de modo diferente que a um adulto, a uma mulher de modo diferente que a um homem –, pois nos adaptamos ao modo de compreender e às possibilidades de interpretação dos outros. Excluímos detalhes, fazemos alusões, jogamos com ambigüidades e retocamos um pouquinho, aqui e ali, e tentamos nos mostrar um pouco mais amáveis ou espertos do que somos. Não se trata de puras mentiras. Nós enfeitamos e matizamos nossas histórias para torná-las atraentes para os outros. Afinal, todas as formas de coexistência humana não se baseiam nesse jogo de proteção e embelezamento recíproco? O bem não estaria igualmente em querer agradar e encantar os outros com nossas histórias? E esse "agrado" na forma de atenção ou estima não resulta num encantamento de nós mesmos? Não é justamente a experiência dessa variedade que nos torna mais ricos e multifacetados? Observando mais de perto, notamos que ninguém vê a realidade como ela é: já no nosso modo de perceber as coisas está incluída uma certa perspectiva e, assim, vemos as coisas de um modo que corresponde a nossos interesses. A razão disso não está simplesmente no fato de que suportamos apenas uma determinada dose da verdade; nós precisamos de uma certa vagueza em nossas próprias histórias e nas dos outros para deixar um espaço livre para a imaginação.

HONESTIDADE

Quem não diz a verdade é considerado impopular. Nada contribui tanto para a "limpeza" e a popularidade quanto uma "veste branca", a imagem da honestidade. Mesmo sabões são mais facilmente vendidos quando sugerem aliviar nossa consciência pesada e tornar nossas roupas brancas ainda mais brancas. Por outro lado, de forma alguma desejamos apenas ser "pessoas honestas". A "pessoa honesta" na verdade não tem propriamente fama de ser muito inteligente, ou de ter presença de espírito ou mesmo competência. Só mencionamos a honestidade de uma pessoa quando não nos lembramos de nenhuma característica nem de algo interessante para dizer sobre ela. "Pelo menos é honesto", essa afirmação tem um tom quase depreciativo, como elogiar um convidado por ter aprendido a comer com faca e garfo. Não se fala sobre a honestidade; ela é simplesmente pressuposta. Se alguém chama a atenção para a própria honestidade, nós reagimos com desconfiança e nos perguntamos por que ele precisa salientar essa qualidade dessa forma. Pois isso soa quase como dizer: "Sou uma boa pessoa". A pessoa que afirma isso de si própria arrisca-se a ser recebida com risos incômodos. Ela será considerada como ingênua ou simplória e, se tiver azar, pode até mesmo receber críticas ou entrar numa discussão. Principalmente com relação a políticos, jornalistas, agentes de seguros, gerentes de vendas e publicitários, tendemos a ver a menção de sua honestidade como indício de sua desonestidade. É curioso como a virtude da honestidade é ao mesmo tempo subestimada e valorizada em excesso.

"A honestidade é a melhor política", diz o famoso provérbio. Isso quer dizer que a honestidade deve ser mais fácil de lidar do que a desonestidade, e também mais duradoura. Sem dúvida ela sobrecarrega menos a pessoa e traz consigo menos riscos de contradições. Mas o simples cotidiano, com as expectativas feitas com relação a nós e nossa preocupação com as reações dos outros e com o que é aceitável para eles, mostra que estamos sempre sob pressão e próximos a nossos limites. Mesmo na Igreja e na política admite-se hoje que não existe uma verdade plena, que ela é um ideal do qual, quando muito, podemos nos aproximar. A honestidade parece ser um conceito em desaparecimento, um conceito em vias de extinção. O que resta é o ideal da honestidade como atitude ou comportamento, mas não como fidelidade à verdade.

O que significa hoje a honestidade? Honra e fidelidade, os dois ideais míticos da cavalaria medieval que costumamos associar à honestidade, são hoje considerados obsoletos e questionáveis. Eles nos lembram a fidelidade dos Nibelungos e dos que os seguiam incondicionalmente. O que hoje ainda podemos resgatar desses ideais é uma espécie de fidelidade da pessoa com relação a si própria. O que nós vinculamos à honestidade hoje em dia é a convicção de nossas próprias atitudes, conhecimentos e pontos de vista. Isto é, não prometer mais do que se pode cumprir. Manter-se firme com relação ao que se defende. Acreditar no que se diz. Em resumo: honestidade significa lealdade com relação a si próprio, e não uma fidelidade incondicional ao Oitavo Mandamento. Isso fica especialmente claro na política, na qual a fidelidade partidária é mais importante que a obrigação de dizer a verdade. Até nos meios de comunicação, a fidelidade, mesmo do ponto de vista falso, é menos criticada que a traição em favor de um argumento do adversário, ainda que o argumento se revele verdadeiro.

A roupagem da mentira é acetinada e reluzente. A honestidade substitui o acetinado pelo áspero, pode-se dizer. Em seu *Manifesto à nobreza alemã*, o próprio Lutero mencionava a lã, o linho e a felpa como expressão do traje honesto em oposição à sedutora seda, ao veludo e ao brocado. Também os filósofos faziam de seus trajes uma expressão de seu amor pela verdade. Assim, Sócrates colocava seus pés em "feltro e peles", e Diógenes enfrentou sem roupas a luta pela verdade nua. Mas não apenas os eremitas e monges se mantiveram fiéis a essa tradição dos "tecidos honestos"; também a veste vermelho-alaranjada dos discípulos de Bhagwan, os *jeans*, as bolsas de juta e os agasalhos tecidos a mão que chegaram ao Parlamento alemão vestindo os membros do Partido Verde — todos têm como objetivo expressar a honestidade por meio do estilo rústico dos trajes.

HORÓSCOPO

Uma pesquisa de opinião realizada pelo Instituto Wickert, em 1996, percebeu que a maioria das pessoas consulta os horóscopos em jornais e revistas apenas por diversão. Por outro lado, 7% dos leitores acreditam nos horóscopos e 2% chegam a planejar sua vida usando seus prognósticos. Por que as pessoas apreciam tanto os horóscopos? "A razão provável dessa popularidade [...] está, paradoxalmente, no fato de que são verdadeiros", diz o psicólogo americano Adrian Fulham. Mesmo não havendo motivos racionais para confiar nos horóscopos, eles desempenham um papel importante no nosso mundo social, que não pode ficar sem um pouco de ficção, mentiras e ilusão a respeito de si mesmo. Os horóscopos nos respondem à pergunta: "O que vai acontecer comigo?" com uma precisão que para muitos se assemelha a uma experiência do tipo "eu não disse?". Isso não é de admirar, pois em geral eles contêm lugares-comuns e, sobretudo, afirmações positivas em que as pessoas sentem algum tipo de referência a elas próprias e com que podem concordar. Quem não acharia acertada a afirmação: "No íntimo você se sente inseguro e às vezes solitário, mas sabe como, exteriormente, dar a impressão de ser seguro e forte". Ou: "Você conhece seus pontos fracos e, no geral, sabe como enfrentá-los. Você precisa superar a preguiça e fazer algo por sua forma física". O tom direto das afirmações transmite à pessoa a sensação de que ela está sendo perscrutada, de que os pequenos segredos que ela procura disfarçadamente ocultar são revelados e de que ela está no rumo certo. Seus prognósticos também dão um pouco a sensação de superioridade ao fazer a pessoa se imaginar livre das dificuldades de determinadas circunstâncias. Minha experiência trabalhando com pessoas tem mostrado que mesmo as mentes mais sagazes se deixam acalentar pelas mentiras em geral inofensivas dos horóscopos. O horóscopo permite fugir da escravidão de determinadas circunstâncias pelo menos por alguns momentos.

As pessoas que confiam nos horóscopos acreditam sobretudo nas afirmações que estão corretas, e as muitas outras aparentemente incorretas são em geral ignoradas ou simplesmente esquecidas. O que fazem os horóscopos? Eles transmitem conforto e segurança, coragem e esperança. A pessoa recebe a mensagem e a confirmação de que ela é por natureza constituída de um certo modo e não de outro, e isso tranqüiliza sua consciência e elimina os sentimentos de culpa. Os medos e os anseios podem ser integrados ao cotidiano: a pessoa não precisa mais ter tanto medo de si própria e dos outros. Ela simplesmente é o que é! Isso faz o eu inseguro e confuso sentir-se bem diante das muitas opiniões contraditórias, externas e internas que tornam tão difícil o "Conheça a si mesmo".

Como apoio para nosso eu inseguro, os horóscopos das revistas podem ser úteis e reconfortantes, pois nos focalizam sob uma luz mais lisonjeira. Mesmo não passando de ilusão — que no sentido de seu radical lingüístico, *ludere*, significa brincar — eles são para muitos um tranqüilizante indispensável. Em todo caso os meios de comunicação continuam persistentemente a publicar horóscopos, mesmo eles não tendo nem a sensibilidade nem o senso de psicologia de uma cartomante. Se eles profetizam felicidade e prosperidade, nós acreditamos neles palavra por palavra; se eles nos assustam prenunciando azar ou perigo, damos de ombros e seguimos em frente. Pelo menos mentiras desse tipo não são as que têm as piores conseqüências.

IMPOSTURA

Se fôssemos redigir uma história social da impostura na Alemanha, deveríamos concentrar-nos sobretudo na República de Weimar.

Esse período criou uma atmosfera generalizada de impostura: nessa época ela se tornou uma figura indispensável[1] na sociedade. Durante a República de Weimar intensificou-se a sensação, que viria a ser uma característica do período, de que tudo era demasiado complexo, relativo e instável. As pessoas sentiam necessidade de uma simplificação maior, e dessa forma o impostor era uma espécie de espelho das relações que haviam se tornado caóticas, tornando-se o símbolo do jogo social entre a aparência e a realidade. O impostor é — da mesma forma que o tipo que a ele se associa, o *dandy* — um mentiroso-de-sociedade. Ele sabe como forjar a aparência de uma personalidade de destaque e, usando essa máscara, ele pode, como trapaceiro cheio de imaginação que é, realizar suas artimanhas e enriquecer à custa dos outros. Suas mentiras têm um brilho teatral; com seu refinamento, ele examina cada situação social e explora a falta de capacidade crítica de seus contemporâneos. O segredo de seu sucesso está no fato de que ele próprio acredita em suas mentiras quando realiza suas trapaças. Um clássico exemplo dele está no *Felix Krull*, de Thomas Mann, a genial história literária de um trapaceiro que alia às suas imposturas uma energia de criminoso. Também podemos mencionar a fascinante comédia sobre a impostura, *Der Hauptmann von Köpenick*, de Carl Zuckmayer. A enumeração de todos os casos de trapaças dessa época ocuparia diversos volumes. Isso mostra que a modernidade se alojou na mente das pessoas como uma espécie de exercício de dissimulação e desconfiança, junto com a consciência da mentira e do desmascaramento.

Com a onda inflacionária de 1923, o governo alemão, que emitia dinheiro sem nenhum lastro, tornou-se de certa forma o impostor por excelência, embora nunca fosse chamado a prestar contas, pois ninguém podia processá-lo pelas perdas da inflação. No mesmo ano foi publicado o pequeno livro *Die Psychologie des Hochstaplers*,

---

1. Sloterdijk, Peter, apresenta um exame detalhado dessa temática in: *Kritik der zynischen Vernunft*, vol. 2. Frankfurt, 1983, pp. 849 ss.

de Erich Wulffen, um especialista em psicologia criminal que se dedicou ao estudo da psicopatologia das técnicas de enganar e que, nesse trabalho, divulgou conhecimentos importantes sobre o tema da mentira, com o objetivo de oferecer orientação básica para os responsáveis pela ordem. De acordo com ele, todo crime tem origem na infância, pois, também segundo ele, as crianças são por nascença enganadoras. Os germes da indisciplina civil posterior se encontram na necessidade de mudança, e o impostor executa essa passagem dos impulsos e dos sonhos, que a vida desperta, para o crime — o que ele próprio interpreta como uma obra de arte prática. Wulffen vê as raízes da mentira na moral hipócrita dos educadores, que exigem que os alunos digam sempre a verdade, mas que se acham no direito de decidir o que as crianças devem saber e o que deve ser convenientemente ocultado delas. Defrontada com essa realidade de aparências, a criança passa muito facilmente para o meio da impostura. Wulffen também se refere ao lado impostor da propaganda e ao lado desonesto do mundo dos negócios como outros tantos agentes da mentira.

Ao falar da modernização da mentira, precisamos mencionar um nome: Adolf Hitler. Sua receita foi, na verdade, muito simples: em primeiro lugar, simplificar e, depois, repetir de modo persistente e sugestivo. Isso funcionava segundo o princípio: "É verdade o que é considerado como verdade e funciona como verdade". Naturalmente, a simplificação precisa ter início no próprio político: ele precisa ocultar o que mais sabe e, então, se empenhar numa auto-sugestão para acreditar nas próprias mentiras, pois é disso que resulta sua eficácia. Hitler buscava uma teoria da elite, e isso na época significava fazer parte dos que criam os "ardis e estratagemas" na luta pela vida. Assim a aristocracia se caracterizava pela dissimulação e astúcia com que, segundo Sloterdijk, o círculo deve voltar a se fechar em torno da impostura.

O interessante é que nessa época também entravam no mercado numerosas publicações sobre os temas da sugestão, da auto-sugestão e da hipnose, que atraíam grande atenção, pois a sugestão é a exata contrapartida da percepção e da experiência de si mesmo, porque torna plausíveis coisas que corroboram nossas próprias concepções. Ao mesmo tempo deve-se mencionar a repercussão da psicanálise na década de 20 de nosso século, que buscava entender a dinâmica do inconsciente e a busca das "verdadeiras" causas por trás de nossos comportamentos e, dessa forma, constituiu uma reação ao realismo pragmático dos métodos de sugestão.

É notável que hoje em dia as palavras impostor e impostura não sejam mais de uso corriqueiro. As coisas parecem ter ficado mais sóbrias na Alemanha, ou no mínimo menos espetaculares. A magia dos grandes papéis evaporou-se, a vontade de representar, a improvisação e o exagero individual deram lugar aos trajes sóbrios e às sólidas pastas de documentos. "O que antes se chamava impostura, hoje se chama especialização", diz Sloterdijk.[2] Dessa forma, até mesmo para trapacear precisa-se hoje em dia de gente especializada, com formação universitária!

As pesquisas de opinião diagnosticam uma mudança de valores na Alemanha. "Pode-se mentir" é o nome da reportagem do jornal *Badische Zeitung*, de 30.9.95. Um número de cidadãos, maior do que nunca, considera aceitável viajar sem bilhete, sonegar imposto e mentir em benefício próprio. Somente num tema eles continuam inflexíveis: um dano feito em outro carro deve ser notificado sem falta. Assim pelo menos com relação a nossos carros temos de ser honestos! Em 1991, 65% dos entrevistados ainda eram da opinião de que não se devia mentir em caso algum, hoje apenas 44% ainda têm essa opinião. Portanto: podemos mentir novamente!

Existe até mesmo uma cidade na Alemanha que é considerada a cidade mais desonesta da Europa, segundo o teste da revista *Reader's Digest*. Os cidadãos de Weimar não devem ter ficado contentes ao saber do resultado do teste. Em vinte cidades da Europa foram deixadas duzentas carteiras com cerca de cinquenta dólares

---

2. Sloterdijk, Peter, *loc. cit.*, p. 859.

na moeda do país, em ruas, lojas e locais públicos, e fez-se um registro do que aconteceu com elas. As carteiras tinham endereço, número de telefone e fotos dos proprietários fictícios. Em Weimar, de dez apenas duas carteiras foram devolvidas — na próspera Lausanne as coisas não foram muito melhores. Em Stuttgart e Viena, sete carteiras voltaram a seus endereços; em Oslo e Odense todas as carteiras foram devolvidas — tiremos o chapéu para os honestos escandinavos! De acordo com a revista, os cidadãos honestos que devolveram as carteiras tinham a aparência de serem pessoas que poderiam precisar do dinheiro — isto é, pobres, jovens, cidadãos estrangeiros.[3]

INTRIGA

"A vida na década de 90 desenrola-se sobre a rota do que não pode ser ultrapassado" — é o que se lia num jornal austríaco no final de 1995. É preciso ser cada vez melhor, cada vez mais eficiente, cada vez mais flexível. Muitos agüentam isso, outros perdem o fôlego, e muitos experimentam cada vez mais ardis e estratagemas para chegar à meta ambicionada, onde infelizmente já se encontra um outro. O que resta então fazer, quando se trabalhou com tanta tenacidade pela vitória? Devemos resignar-nos, resistir, desistir, fugir? Num mundo que produz tanta insegurança, no qual já não se consegue distinguir o todo geral, em meio a esse caos de dinheiro, prestígio, partidos e ideologias, o que antes, sob o manto da pureza e da seriedade, se chamava impostura, desenvolve-se como o reino da intriga por excelência. Montam-se

---

3. Extraído do jornal *Badische Zeitung* de 20.6.96.

armadilhas, prejudica-se a reputação de concorrentes ou se encenam mentiras deslavadas e se inventam variantes mentirosas do que oficialmente se chama de "carreira". Os casos de indução ao erro, trapaça ou fraude na disputa por cadeiras docentes e títulos de doutor proliferam até mesmo entre os cientistas. Os dados das pesquisas são falsificados, às vezes até mesmo inventados. Teses de doutorado são recicladas a partir de fontes não mencionadas e em geral essas mentiras até mesmo têm pernas bem longas, pois somente vêm à luz após anos, ou apenas por curiosas coincidências.

A intriga é, talvez, uma das formas de comunicação mais traiçoeiras de se operar com mentiras. Os intrigantes não querem de forma alguma ser desmascarados; também é difícil descobri-los e comprovar que o são. Mas o que é realmente a intriga? Todos têm medo dela. Basta pensar nas complicações resultantes de afirmações insidiosas; mas como funciona a intriga somente as vítimas podem de fato descrever, quando se debatem na rede das informações semi-verdadeiras, parcialmente verdadeiras ou mentirosas e perdem a reputação, o emprego ou a posição social.

Em sua origem latina, o termo intriga significa "enredamento, confusão". Com o intrigante está em ação não apenas a falta de sinceridade, mas também a covardia, pois ele mesmo atua muito pouco, enquanto oculta seu papel e instiga os outros a fazer o jogo dele. Faz parte da intriga o seguinte "trio infernal": um autor intelectual, um executor e uma vítima. Devido à baixa auto-estima da maioria das pessoas, em geral, é suficiente a sugestão de que esta ou aquela pessoa teria algo contra... e já está armada uma possível intriga. O modo de operação da intriga pode ser resumido numa fórmula simples: A fala mal do concorrente B, e então a pessoa C, encarregada da decisão, se afasta de B e dá preferência a A. — É simples assim! Quando pensamos na disputa eleitoral norte-americana quase automaticamente vêm à mente as "histórias das mulheres" dos candidatos que sempre conseguem tirar de cena alguns dos candidatos.

A maioria dos intrigantes se disfarça e faz seu jogo no escuro. As intrigas, no entanto, também são muito facilmente urdidas à mesa de restaurantes, onde os efeitos do vinho e das mentiras se diluem juntos. Se a vítima tem sorte, talvez também esteja sentado à mesa um amigo, que pode avisá-lo a tempo para que ele possa criar meios defensivos.

O sociólogo Gustav Adolf Pourroy descreve três formas da intriga: a "tacada de bilhar" (ataque indireto), o "golpe no calcanhar-de-aquiles" (exploração dos pontos fracos) e o "complô" (a associação entre o ataque indireto e os pontos fracos).[1] Uma bem conhecida técnica de ataque indireto é a carta anônima. O mentor permanece oculto e, conforme o objetivo, o efeito pode ser fatal para a vítima. Para que a informação chegue aos ouvidos de quem tem que chegar, usa-se a intermediação de uma terceira pessoa que permanece invisível. A pessoa age como se, por acaso, tivesse ouvido uma certa coisa de alguém e põe em circulação essa informação "incidental", naturalmente sob o selo do sigilo e, se possível, com reforço complementar: "Esqueça o que eu disse; talvez eu tenha entendido mal". A esperteza presente no uso dos pontos fracos da vítima está em sua base de verdade. Uma pessoa falta uns dois dias no trabalho. O intrigante pode deliberadamente fazer insinuações sobre os "problemas de saúde" do colega cujo cargo há muito ele cobiça. No complô, todos visam a uma mesma vítima e têm, em geral, o mesmo a ganhar ou a perder. Muitas vezes, trata-se de um grande grupo de interesses contra um outro menor. Como foi o caso de três estudantes que se uniram e acusaram um professor de abuso sexual. Como o professor podia se defender nesse caso?

Em que se baseiam todos esses planos e estratégias? Por que os outros têm de ser rebaixados para que se possa atingir os próprios objetivos? Por que as pessoas optam pelo caminho da mentira? Por si mesmos, os intrigantes são impotentes, pois do contrário não precisariam escolher o desvio traiçoeiro da mentira. O motivo desse comportamento está sem dúvida na baixa auto-estima da pessoa,

---

1. Pourroy, Gustav Adolf, *Das Prinzip Intrige. Über die gesellschaftliche Funktion eines Übels*. Interform, 1994.

que só consegue se firmar por meio do rebaixamento do outro. Mas a base dele está na própria sociedade, na qual o indivíduo precisa se destacar e se fazer notar a qualquer custo; na qual o sucesso e a eficiência foram erigidos em nova religião e na qual as meias-verdades definem a atmosfera espiritual. Com isso, o indivíduo se sente impelido a realizar suas possibilidades por qualquer meio disponível e a compreender toda perda ou diminuição como fracasso pessoal. Dessa forma, é grande a tentação de buscar conquistar mais sucesso e reconhecimento por meio de artimanhas e ardis, sobretudo para aqueles que preferem seguir o caminho mais fácil, pelas portas laterais ou dos fundos, em vez do caminho árduo e muitas vezes solitário da disciplina e da persistência. "A infinda luta por ascensão na vida profissional e empresarial", escreve o diretor de cinema Martin Thau, "já deu a muitos arrivistas a idéia de que sua produção progride na mesma proporção que suas maquinações. Mas também os relacionamentos pessoais são visivelmente destruídos pelo veneno da intriga".[2] Rivais que falam mal uns dos outros nem por isso são considerados intrigantes, mas quando um preenche em nome do outro um formulário numa agência matrimonial, ele está liberando energias que não são mais as suas próprias.

IRONIA

"Prezados americanos, o bombardeio da Rússia vai ter início em cinco minutos" — um anúncio do presidente dos Estados Unidos, feito em 1984, que deveria colocar em pânico todos os que o ouvi-

---

2. Thau, Martin, *Intrigen. Heimtücke und Verschlagenheit im Alltag*. Bonn, 1990, p. 8.

ram. O presidente Ronald Reagan estava querendo fazer uma brincadeira com os que duvidavam de seu desejo de paz? Essa "brincadeira", no entanto, não provocou risos nem inquietação. Ao contrário, o povo reagiu com indignação e repulsa a essa afirmação irônica. Esse exemplo tem a vantagem de mostrar que a ironia é um instrumento problemático.

Examinemos agora o seu significado. O termo "ironia" deriva do grego *eironeia*, que significa dissimulação, escárnio, evasiva, subterfúgio. Suas raízes teóricas estão na filosofia da Antigüidade, de acordo com a qual a pessoa que fala ironicamente usa um sentido oculto no que é dito e contrário ao significado habitual das palavras. Por meio do tom das palavras, da expressão facial ou gestual a pessoa que ouve pode entender a ironia, ao perceber que as palavras emitidas são contraditórias, não fazem sentido ou revelam uma ruptura com relação ao que a pessoa estava dizendo.

Uma ironia bastante comum pode ilustrar isso. Fora de casa, o tempo está terrível, mas o marido diz à esposa: "Que dia fantástico! Até dá vontade de ir cortar lenha, não é, amor ...?" Uma coisa, sem dúvida, esse homem não quer dizer: o que ele está dizendo. Ele não está mentindo, mas se nega a fazer um comentário direto. E aí está a mentira: dizer o que não pensa. Assim a ironia é algo totalmente diferente do humor, embora muitos a confundam com ele. Sua característica mais importante é a separação entre as palavras e as coisas e entre a experiência e as palavras. Nós estamos virtualmente viciados na busca de oportunidades de dizer algo sugerindo o contrário do que as palavras expressam. A busca por expressões figuradas chegou a contaminar até mesmo os criadores na área da publicidade. Eles agora sempre encerram suas palavras entre aspas de mordacidade. É como se estivessem citando: aprendam "se divertindo", autenticamente "forte" — e tudo soa irônico. A dona de uma loja deve fazer pintar com Conny "M." a placa com o nome da loja.

Por que as pessoas dissimulam por meio da ironia? O objetivo da ironia é, em primeiro lugar, produzir um vago distanciamento.[1] A pessoa não se define com precisão, não é clara ou inequívoca, e deixa para o outro a interpretação do que ela diz. Ela não se revela e, assim, também evita tornar-se responsável pelo que é dito — nem defendendo nem sendo contrária ao que é afirmado. Nesse caso o elogio é, na verdade, uma crítica e a crítica, na verdade, um elogio — mas, talvez, também não. Ela diz por exemplo: "Mas você foi realmente fantástico nisso", para fazer uma crítica velada. E quem não entende a ironia ou o que está sendo sugerido é considerado idiota ou inferior. O que é notável nesse caso é o fato de que a ironia é usada muito mais freqüentemente como expressão de desaprovação do que como manifestação de elogio. Talvez isso tenha relação com a nossa expectativa de sucesso, que pode ser refletida na ironia para desdenhar os que fracassam.

A ironia, de certa forma, divide os que ouvem em dois grupos: o dos que tomam ao pé da letra o que é dito e o levam a sério, e o dos que, por assim dizer, se tornam cúmplices de seu autor, porque percebem a dissimulação, isto é, os "sabidos" que zombam dos outros. A ironia permite que haja os iniciados e informados e os ingênuos e idiotas, e que a pessoa se saia melhor se fizer parte dos "escolhidos". Assim pode-se dizer que na ironia estão contidos os ingredientes do jogo do poder que fazem a divisão entre o superior e o inferior. Quem quer atrair para si o olhar de desprezo do iniciado? Para participar do jogo não resta à pessoa outra alternativa senão envolver-se nessa pseudocomunicação. O questionável ganho chama-se "estar por dentro" e "ser aceito".

Que necessidades espirituais são acalentadas pelo comportamento irônico? Em primeiro lugar, sem dúvida, a necessidade de se sentir superior. Em geral esse desejo resulta de mágoas reprimidas

---

1. Cf. Schrattenholzer, Elisabeth, *Das Wort und die Tatsachen oder Was nehme ich, wenn ich wahrnehme. Ein Plädoyer für eine entzerrte Wahrnehmung.* Viena, 1993, pp. 125 ss.

que, para se vingar, conseguem uma válvula de escape na forma de desprezo e desejo de superioridade.

A ironia impede a solidariedade, a participação, a franqueza e a confiança. Quando ela é usada com muita freqüência para deformar ou perturbar a realidade, a linguagem perde toda a sua "capacidade afetiva", isto é, perde a capacidade de expressar sentimentos, pensamentos, avaliações e contatos afetuosos. Os outros passam então a entender como irônica muita coisa que não foi dita com essa intenção, porque aprenderam que não é uma boa política se apoiar no que diz a pessoa irônica. Pessoas irônicas são insuportáveis e perniciosas sobretudo para as crianças. Por meio da ironia as crianças entram em contato com uma realidade negociável. Para elas, é especialmente desconcertante o fato de as palavras e a experiência, ou as palavras e a realidade, não estarem mais vinculadas. Mas não apenas elas; todos nós dependemos do uso da linguagem como expressão da realidade, se quisermos desenvolver a confiança recíproca. O mundo não seria melhor se pudéssemos dizer diretamente: "Eu quero e vou assumir a responsabilidade por esse erro"; "Eu não quero e não vou magoá-lo"?.

Vinculado à ironia está o desdém expresso na polêmica. Se a ironia em geral procede de modo indireto, o polemista ataca direta e abertamente. Seu objetivo é a depreciação, desqualificação e humilhação do adversário — não com argumentos objetivos, mas com golpes baixos propositais. Exemplos da época do nazismo ou deslizes nos debates do parlamento alemão dariam material para vários volumes. Não vale a pena citá-los, pois no caso da polêmica a única alternativa é recusar sua grosseira falta de objetividade e afastar-se dela, porque não se pode combatê-la com argumentos e porque em geral ela não trata de questões fatuais. A polêmica é a arena dos "cavaleiros de salão", que avaliam bem alto seu poder e que, em vez dos punhos, usam a linguagem como arma grosseira porque lhes faltam argumentos objetivos. Em tal atmosfera florescem a violência e o desprezo pelo ser humano, pois a humanidade é colocada fora de ação.

LINGUAGEM

A linguagem, como já foi mencionado, nos dá uma visão da riqueza de manobras das mentiras: nela nós nos gabamos, contamos lorotas, fingimos, ludibriamos, blefamos, fraudamos, dissimulamos, trapaceamos e distorcemos. Esses são conceitos que permitem perceber nossa convivência no cotidiano sob uma nova luz, mais sóbria.

As palavras e a linguagem devem fazer a ponte entre as pessoas. Mas os procedimentos na política, na economia e na publicidade nos dão a impressão de que a linguagem se tornou uma marreta, uma espada ou um instrumento mortal. Poderíamos até mesmo dizer que mentir e enganar são características básicas da linguagem, pois ela não apenas é um meio de comunicação, e dessa forma torna possível os relacionamentos, mas também é dissimuladora, e com isso um fator que conduz à divisão, à sedução, ao desprezo, à opressão e ao isolamento.

Isso se vincula ao fato de que é somente com muita dificuldade que conseguimos compreender que as palavras e as coisas não são o mesmo. Como a linguagem separa tanto o que apenas parece estar separado quanto o que realmente está separado, quem toma as palavras pela realidade não apenas engana a si próprio e aos outros, mas também acredita em mentiras. A experiência mostra como as coisas são obscuras, especialmente no caso de abstrações como "amor" e "liberdade", ou de estados emocionais vagos e disposições de humor. Muita coisa simplesmente não pode ser dita com palavras. A fé nas palavras faz com que nos deixemos enganar pelo sistema de signos logrado por nós mesmos pois, em última análise, a fé nas palavras apenas nos leva a disputas por palavras, porque tudo sempre tem pontos de vista diversificados que até mesmo se contradizem entre si, mas que na verdade não se excluem mutuamente, e podem até se complementar. Nessas disputas, as palavras são usadas como espadas afiadas para lutar pela chamada verdade.

Naturalmente nós precisamos da linguagem para lidar com o mundo; afinal, ela nos livra de uma irremediável separação entre o nosso mundo interior e o exterior, e torna possível o contato e a transformação desses dois mundos. Assim temos de tomar consciência de que a força mágica das palavras está justamente lá onde a realidade nos decepciona. Quem fala sobre a linguagem e das suas possibilidades de ação deve também falar sobre as pessoas que usam a linguagem. Todos nós carregamos conosco inúmeros "filtros" por meio dos quais percebemos a realidade e a linguagem. Basta lembrar a magia que existe entre os que se amam, que muito depressa se transforma em insegurança e medo da perda, quando ficam separados.[1]

Não só os inúmeros eufemismos e expressões da linguagem que têm uso ideológico e político, como por exemplo a palavra democracia, mostram que a linguagem tem não apenas uma função dissimuladora, mas tem também uma função anticomunicativa, que consiste em confundir, induzir ao erro, mentir e enganar. Tomemos por exemplo a expressão de uso corriqueiro: "na verdade". "Na verdade" é uma excelente expressão, mas o problema com ela é que ela sempre se segue de um "mas". "Na verdade", diz a pessoa que gostaria de fazer isso ou aquilo mas de fato não quer, "há muito eu estava querendo ligar para você, mas não foi possível". Quem usa a expressão "na verdade" engana sobre suas verdadeiras intenções e transfere a responsabilidade pelas suas ações para o que não pode mais ser mudado, para as circunstâncias que o impedem de fazer o "na verdade" correto. Existem poucas expressões nas quais tanta mentira e ilusão são veiculadas quanto na expressão "na verdade". Como seria o mundo sem essa inofensiva expressão? Nele as pessoas

---

1. Plack, Arno, atribui a causa dessa crença nas puras palavras à falta de uma sensibilidade e empatia e a uma educação hostil à vida presente em nossa sociedade.

seriam obrigadas a dizer, por exemplo: "Eu quero e não vou desistir disso", "Vou ser pontual", "Eu quero e vou resolver isso no prazo certo".

A precaução também está presente na sugestiva palavra "naturalmente", uma palavra que em geral é usada para evitar um questionamento mais detalhado. Da mesma forma que as palavras "alguém", "dever" e "sempre", nela está presente a exigência de submissão a uma norma de convivência em grupo, a uma afirmação genérica, a um padrão ou a um procedimento autoritário. "Naturalmente, você vai ser pontual" é uma expressão corriqueira em nossa linguagem cotidiana. "Isso acontece naturalmente com o paciente...", "Naturalmente, vou estar de volta para o jantar". Afirmações como essas trazem consigo um gesto de precaução: elas dificilmente podem ser questionadas, porque estão vinculadas a acontecimentos sobre os quais não temos nem podemos ter influência alguma, e também porque a pergunta "para quê" não pode ser feita de forma alguma.

Mesmo nos relacionamentos mais íntimos, a linguagem muitas vezes mais parece um disfarce do que a roupagem de que os pensamentos precisam para se exprimir. Alguns exemplos de mentiras mais corriqueiras: quando "ele" diz para "ela": "Não entendo você", isso pode significar: "Você me deixa com medo". Quando ele fala sobre ela: "Ela é neurótica demais", isso pode significar: "Ela é mais inteligente do que eu". Quando ele diz: "Ela é muito religiosa", isso pode significar: "Ela lê mais livros do que eu". "Ela é muito difícil" pode significar: "Ela é muito mais independente do que eu". "Ela é muito calada" pode significar: "Comigo, ela fica aborrecida até a morte". "Ela é materialista demais" pode significar: "Não sou rico o suficiente para ela". "Ela é muito objetiva" pode significar: "Ela não se interessa de modo algum pelo meu corpo". Essas ambigüidades são um dos meios que a linguagem nos oferece para esconder nossas opiniões e "livrar a própria cara". É o que faz, por exemplo, o crítico ao escrever que o instrumentista toca "singularmente bem" ou mesmo "terrivelmente bem".

Por fim, há também as palavras de múltiplos usos, que servem como meio para emitir estímulos de certa forma incompletos, aos quais as pessoas podem reagir ou não. Antigamente, quando as categorias morais ainda não encontravam tanta resistência quanto hoje, as pessoas falavam "honestamente"; hoje preferimos dizer: "com autenticidade", "com frieza", "com veemência", "de modo confuso". São palavras com uma certa indeterminação, porque elas não definem nada de específico. No máximo é o tom de voz com que são ditas que indica o que se tem em mente. Não se pode dizer que sejam propriamente mentiras, mas sim meios ou instrumentos fáceis para as mentiras. Sobretudo o tom pode ser facilmente manipulado: pode-se dizer coisas verdadeiras, mas num tom que indique exatamente o contrário.

Mais do que qualquer outra prática social, a linguagem, com seus dialetos, sotaques ou gírias, serve também para construir barreiras sociais entre grupos e também para impedir a aproximação e a integração de outros. Basta pensar nos partidos políticos ou nos grupos sectários que, com suas convicções fanáticas, barram ou afastam os outros, porque estes não conseguem entender a linguagem deles. O tema "linguagem como instrumento ardiloso da mentira" é repetidamente retomado na história da cultura, e a própria linguagem popular fala de palavras que são "mero som e fumaça", ou de palavras com as quais se poderia fazer um X passar por um U. "Meu Deus! As línguas dos homens são repletas de trapaças!",[2] queixa-se William Shakespeare, e o filósofo Ludwig Wittgenstein adverte: "A linguagem é um traje que dissimula o pensamento. Ela faz isso de tal modo que não se pode, pela forma exterior do traje, inferir a forma do pensamento trajado; pois a forma exterior do traje foi constituída para fins totalmente diferentes..."[3] "Ele mente descaradamente", dizia-se antigamente; hoje deveríamos talvez

---

2. Extraído de: Shakespeare, William, *Henrique V*, Ato V, Cena 2 (1623), 963.

3. Wittgenstein, Ludwig, *Tractatus Logico-Philosophicus* (1922).

dizer: "Ele mente por fax." Na forma escrita, o pensamento dissimulado torna-se ainda mais dissimulado e sedutor, e desde a invenção do fax, significativamente ainda mais rápido. Quem hoje ainda questiona suas próprias respostas evasivas, eufemismos e meias-verdades, ao escrever, por exemplo, "Como vai você?", quando na verdade não está realmente interessado, ou "Saudações calorosas", quando na verdade se sente totalmente indiferente, ou "Até logo", quando de fato não tem interesse algum em rever a pessoa? E os políticos que falam de fontes de rendimentos como se o dinheiro brotasse da terra, ao mesmo tempo que falam de aumento de impostos, ou que o número de trabalhadores deve ser "reduzido", ou colocados à disposição do "mercado". Mesmo no caso de acidentes não se fala de irresponsabilidade, mas que o álcool tinha entrado "em cena". Ou podemos ainda pensar no "jargão psicológico" totalmente vazio, como por exemplo "Isso me magoou demais", "Quem disse isso?", "De alguma forma eu sinto que ...", "Você ainda não se reconciliou com ...".

Os eufemismos encobrem sobretudo fatos desagradáveis; em razão deles, nós por exemplo dizemos de um prisioneiro que ele está "detido"; de quem repete o ano, que ele "recapitula"; de um alcoólico, que ele "bebe"; de um suborno, que se trata de uma "subvenção"; de um mentiroso, que ele tem "uma imaginação fértil". A ironia, ao contrário, não pretende encobrir nada, mas sim expor a pessoa ao elogiar sua fraqueza: "Você é um craque", ou "Você é um herói", para salientar sua covardia. O curioso é que a linguagem torna possível atingir os outros, tanto com socos quanto com luvas de pelica. Esse tipo de mentira pode provocar danos, mas também pode desculpar, atenuar e resolver as coisas.

Um exemplo interessante de sedução da linguagem é a tendência ao exagero inerente a ela. Ao relatar um acontecimento, escolhemos inconscientemente palavras mais expressivas, mais chocantes e mais significativas do que realmente as circunstâncias exigiram. Com isso, os relatos vão sendo desfigurados por uma espécie de progressão da linguagem que faz com que a última de uma série de pessoas relatando o mesmo caso conte algo totalmente diferente do fato que deu origem a eles. Assim, não apenas a memória fraca, mas também a linguagem é responsável por esse tipo de distorção da realidade.[4]

MAQUIAGEM E MODA

Em nossa sociedade sobretudo as mulheres são obrigadas a se sujeitar à ditadura da moda e dos cosméticos, e até mesmo compelidas a ver neles "seus desejos". A moda, os cosméticos e a modelagem do corpo e dos cabelos tornaram-se indústrias-chave em nossos dias. Suas vendas são tão altas quanto as vendas no mercado de tecnologias. Nessa "cultura do narcisismo" a beleza é comprada em farmácias. Também fazem parte dela a *maison* Dior ou Boss, um pouco de diversão na revista Vogue, informações em *Brigitte* ou *Freundin*, consciência limpa e integridade em *Lenor*, e se quisermos autoconhecimento e ombros largos para chorar temos os de *Dracula*. A regra é: seja bonita, pois as outras podem ser mais bonitas que você! Com a preocupação aí sempre presente: chamar para si a atenção do maior número possível de pessoas. Pois quem consegue atrair para si a atenção geral, está sempre em melhor posição do que quem merece reconhecimento pela sua honestidade.

O mesmo vale para as exigências do ideal masculino do "macho", que conta com arrojados acessórios para carros, com os perfumes de todo tipo, com a modelagem do corpo e com o estilo

---

4. Extraído de: Kainz, Friedrich, *Lügenerscheinungen im Sprachleben*. In: Lipmann, *loc. cit.*, p. 221.

de vida e a filosofia de vida do Marlboro. As mercadorias não se destacam por seu preço ou utilidade, mas pelas promessas, sonhos e símbolos que conseguem sugerir. O *design* e a estética do momento são os novos e entusiasmados mensageiros da mentira para homens e mulheres de sucesso. A propaganda dissimula cinicamente essa estética da mercadoria e do corpo, apresentando-a como praticidade, e a ilusão vendida se apresenta como utilidade, pois o que conta é o "espetáculo" e o que vale é o "nascido para comprar!". Os que quiserem fazer parte disso não podem se dar ao luxo de ter qualquer falha ou defeito no *design*, nem devem procurar saber o para quê ou o por quê. Para eles, a maquiagem e a busca da beleza têm uma dimensão fundamental. Elas são o véu de mentira com que se procura afastar o mais ameaçador de todos os fantasmas: a revelação dos próprios sentimentos. Traços pessoais, em especial os do envelhecimento, devem ser totalmente apagados, e essa pressão da mentira vai muito além do comportamento de enfeitar-se e exibir-se para atrair o sexo oposto.

Mas não podemos fugir do envelhecimento, nem com todo tratamento de beleza ou dieta deste mundo. Não podemos vencer a luta contra o grande inimigo "idade", por mais que nos esforcemos por apagar os traços da passagem do tempo. Esse esforço apenas nos conduz a um permanente sentimento de inveja, que precisa ser compensado por novas mentiras, cada vez maiores.

Mas será que isso significa que ficamos mais próximos da verdade quando buscamos nos dar por satisfeitos com apenas o que somos? Essa pergunta sobre o direito à autenticidade, ao espontâneo, ao natural também não é fácil de responder. Pois, se de um lado, com relação à maioria das pessoas, a natureza apresenta falhas e irregularidades, de outro, o que agora é tendência na sociedade nem sempre foi assim. Para lidar com isso, também temos o direito e a obrigação de buscar a beleza. Isso pode soar como instigação à mentira, mas não há nenhuma dimensão humana em que aceitemos a naturalidade como único padrão para decidir algo: nem na arte nem na arquitetura, nem na saúde nem no esporte, nem mesmo na

Igreja. Quem acha que os que usam suspensórios e bengala de madeira estão mais próximos da verdade, deve refletir se, com seus rituais de rejeição ostensiva da moda, não estão sendo mais antinaturais que muitas das tendências da moda que fazem os que as seguem destacar-se de modo interessante e atraente. Naturalmente, os caprichos de nossa moda são muito exigentes e por vezes nos atormentam até a loucura, mas são até bastante moderados em comparação com muitos dos rituais de beleza dos povos "da natureza".

É perfeitamente legítimo esconder os próprios defeitos e salientar as qualidades, pois é melhor "um pouco de retoque" que ficar totalmente sozinho. É preciso ter em mente que o modo como uma pessoa se arruma, em última análise, pressupõe uma escolha e exprime um desejo que muitas vezes está mais próximo de sua própria personalidade do que o que chamamos de "natural". O fato de as pessoas se mostrarem umas às outras por meio das convenções da moda não oferece também uma base para a solidariedade e o sentimento de fazer parte de um grupo? Como seria entediante a convivência sem maquiagem, adornos e roupas atraentes! Nossos olhos precisam de estímulo e de beleza. Os verdadeiros segredos nem sempre estão nas profundezas: às vezes também se encontram na superfície. Em nossa preferência por determinadas formas de nos mostrar ou dissimular nós, na verdade, revelamos também um pouco da verdade sobre nós, mais do que a própria linguagem pode veicular. Você duvida? — Nada é como é. Ou inversamente: tudo é aparência.

Evidentemente, na competição da beleza existem limites que beiram ao desumano. Basta mencionar os muitos programas inescrupulosos de preparo físico, que provocam danos aos ligamentos e articulações, ou as muitas dietas que são verdadeiros autoflagelos e que chegam a ser uma permanente luta contra si mesmo e contra a verdade sobre si mesmo. Não somos ilimitadamente moldáveis, como se cada um pudesse ser seu próprio escultor. Nosso corpo merece respeito, dedicação e cuidado; quando não prestamos atenção ao que ele nos diz, ele pune nossas ações, nossas mentiras.

A doença e o isolamento podem expressar sofrimentos que a pessoa vem reprimindo por um longo tempo. O maior inimigo da beleza é buscar a beleza em demasia: os cosméticos e a moda são úteis, mas o excesso de maquiagem e moda acabam por inverter o seu lado bom.

MEDO

Por que mentimos e enganamos tanto? Por que tanta dissimulação e encenação? "Não podemos esquecer que nós tememos tanto uns aos outros que chegamos a mentir para nós mesmos", disse Ludwig Marcuse. Temos medo que os outros firam ou ofendam nosso amor-próprio. Temos medo que os outros possam nos controlar, nos dominar e dessa forma consigam solapar o controle que temos sobre nós mesmos. Temos medo de nossa própria sensualidade e da realidade sensual dos outros, porque vivemos numa época que nos compele a reprimir nossos impulsos básicos. Temos medo de transgredir as leis do distanciamento e da proximidade excessiva nos relacionamentos e, ao mesmo tempo, sofremos com a falta de proximidade que resulta disso. Forçados a viver em meio à grande aglomeração de pessoas dos grandes centros urbanos e tendo de passar pela constante transgressão dos distanciamentos até onde a proximidade recíproca nos é suportável, a única alternativa que resta é fingir que os outros não existem, ou então simular uma situação mais adequada às nossas necessidades.

Os limites da proximidade entre os seres vivos e os não-vivos têm suas próprias leis, perigos e vantagens. A terra tem sua camada de ozônio; a casa, sua cerca; o animal, seu espaço reservado; o carro, seu limite de segurança; e a rede do gol, sua área de impedimento. Nossa vida moderna, com seu ritmo acelerado, tem o efeito de um furacão sobre os limites da proximidade entre as pessoas e sobre os limites da proximidade com relação às coisas de que precisamos. Por isso não podemos suportar essa proximidade sem um pouco de encenação, mentira e dissimulação, sem um *keep smiling*, e sem enganar a nós próprios — recursos que nos permitem determinar os limites da proximidade com relação aos outros, bem como optar pela proximidade ou pelo distanciamento, pela visibilidade ou pelo isolamento. Aqui é inevitável a pergunta: com esse comportamento estamos sendo covardes ou prudentes? Provavelmente ambos. Vivemos num mundo em que dia a dia desaparecem as garantias que tradicionalmente definiam quais os comportamentos convenientes, em que as antigas estruturas-acima-do-ego se tornaram vazias e em que as respostas certas para orientar nossa vida pessoal são amplas e vagas demais. Dessa forma, talvez não seja possível sobreviver em meio a tudo isso se, por razões de sobrevivência, não pudermos ocasionalmente recorrer à mentira e à dissimulação.

O medo é uma fonte poderosa de mentiras entre as pessoas que vivem sujeitas a pressões sociais. Como invenção da natureza para proteger nossa vida, elas são mais que meras guardiãs da nossa existência física: elas também entram em cena sempre que nosso amor-próprio e dignidade se vêem ameaçados. Elas expressam nossa falta de confiança, nossa fuga da realidade, nosso medo da verdade, de não sermos amados, de não sermos bons o suficiente. Quando o medo aflora à superfície de nossa consciência, nossas defesas começam a atuar e somos compelidos a dizer ou fazer coisas que normalmente não faríamos. As mentiras alimentadas pelo medo servem para a adaptação social e para a preservação dos limites impostos pela individualidade de cada um. Sem dúvida nisso pode haver um fator de conflitos potenciais entre os seres humanos. Se levarmos em consideração o fato de que por trás de toda energia posta em movimento pelo medo encontra-se, em geral, uma pessoa amável e vulnerável, que com suas mentiras, disfarces e dissimulações está pedindo para ser amada, ouvida e levada a sério, então a mentira provocada pelo medo é pelo menos perdoável. Ela se torna desnecessária somente quando existe entre nós e as outras pessoas a confiança que nos permite fazer aquilo que o medo nos impede de fazer: revelar como somos com nossas fraquezas, desilusões e anseios. Assim o fato de sentirmos medo deixa de significar a busca de segurança ou o refúgio na hipocrisia. Ele pode, ao contrário, significar que percebemos nosso medo, admitimos que nos sentimos ameaçados e que podemos suportar esse medo. Com isso, aprendemos a ter "coragem diante do medo" (Jaspers) e a procurar nos comportar de modo diferente em nosso relacionamento com as pessoas.

MENTIRAS DE FÉRIAS

"Finalmente, férias!" — uma exclamação que milhares de pessoas fazem todo ano. Nós decidimos que este ano vamos nos divertir muito, que vamos nos livrar das complicações do cotidiano, e participar do amplamente difundido "jogo da sociedade", que se chama férias. "O dia-a-dia é terrivelmente sem graça ... não há nada melhor que fugir dele", disse Peter Handke numa entrevista.[1] Mesmo tendo de enfrentar as rodovias, que se transformaram em áreas de acampamento superlotadas, os atrasos nos horários de vôo, que estão maiores que nunca, e o tempo de espera nas fronteiras com os países vizinhos, que é totalmente desproporcional à brevidade das vistorias — mesmo com tudo isso a enfrentar, o período de férias é

---

1. Handke, Peter, entrevista em *Der Spiegel* de 16.4.1990, pp. 220-234.

aguardado com ansiedade, pois esperamos finalmente nos recuperar das atribulações do cotidiano. "Olhe para eles — são como lemingues"* — foi como David Lodge descreveu os turistas em seu livro *Neuesten Paradies-Nachrichten*.

Já que estamos em férias, elas têm de ser algo especial. Quem quer sair em férias para uma localidade simples e despretensiosa, quando existem lugares fantásticos que garantem prestígio e são ótimos para despertar a inveja dos colegas e amigos? Se não forem férias na fazenda, então na Nova Zelândia, onde o vizinho nunca esteve. As Canárias, pode esquecer: lá todo mundo já esteve. O Sri Lanka? Perigoso demais. Maiorca? Ah, não! Não na ilha das faxineiras! Para os que querem exagerar em tudo, o mercado floresce com alternativas — excursões a pé, passeios de trenó, acampamentos na selva. Nesses casos, pelo menos se carrega na mochila uma consciência ecológica limpa. As pesquisas têm demonstrado que não há destino que prometa mais prestígio que o Caribe. Sobretudo no inverno. Sair em férias no verão, isso todo mundo pode fazer. Mas conseguir um bronzeado no inverno, deitado com o vento acariciando sob os coqueiros carregados de frutos e tomando bebidas exóticas, não é qualquer um que pode se dar a esse luxo. Nada alimenta mais o prazer dos outros em ver nossa desgraça nem abala mais nosso prestígio que a visão de nosso rosto pálido em nosso próprio país.

As mentiras de férias têm uma função: elas são o substituto romântico da liberdade, do prazer e do desvencilhamento das próprias carências. Seu dogma: expectativa de cura, graças à mudança de lugar! Elas podem salvar vidas, porque prometem um outro mundo melhor, e isso num prazo previsível e a um preço fixo. Como compensação para a prisão das necessidades econômicas, elas

---

* Refere-se aos lemingues da Noruega, uma espécie de roedores, famosos pelas migrações periódicas em massa, quando, em decorrência da superpopulação e da escassez de alimentos, migram aos milhões em busca de comida, devorando toda vegetação que encontram pelo caminho. (N.T.)

oferecem perspectivas fantásticas na "terra prometida". Viagens com promessas do tipo "a felicidade pode ser comprada" ou "a felicidade é possível" deixam um resíduo que estimula essa mescla de mentira e fantasia. O que não se diz é que a felicidade não pode ser comprada. A viagem comprada talvez abra um pouco as portas para a felicidade, pelo menos os desejos e ilusões são despertados, mas ela deixa as pessoas voltarem de mãos vazias, pois não pode realizar suas promessas de felicidade. "Em toda parte eu me sinto um pouco insatisfeita" — é como uma mulher que já viajou muito descreve essa felicidade parcial. Talvez ela esteja "farejando" a mentira, por trás da promessa de que a felicidade poderia ser comprada como um produto comercial.

O modo como as pessoas fantasiam sobre suas férias permite imaginar como elas gostariam que sua vida realmente fosse. Os desejos e as ilusões sempre refletem carências e fracassos. E o que falta no cotidiano das pessoas são a liberdade, a felicidade e o desvencilhamento da própria imperfeição e mediocridade. Desse modo, seus ideais são algo de muito humano; eles também trazem um alívio para a alma e dão esperanças de um mundo melhor. Embora as mentiras em que as agências de viagem fazem as pessoas acreditar não tenham grandes pretensões, elas impedem que as pessoas sejam mais infelizes ainda. Pelo menos as pessoas conseguem um pouco de diversão, e graças aos cheques e cartões de crédito, as contas e os débitos chegam somente mais tarde. "Primeiro a diversão — depois as contas", esse é o lema. Ao sentir a inveja dos outros, a pessoa acaba por acreditar na felicidade, por um certo tempo — pelo menos enquanto esse sentimento de inveja perdurar. Não devemos ignorar a expectativa das férias que, meses antes de elas se iniciarem, já começa a influenciar de modo positivo nosso humor e estado geral e que ajuda muitos de nós a eliminar os sintomas de fadiga e saturação no trabalho. O mesmo vale no caso da volta das férias. A pessoa enfrenta outra vez a rotina do trabalho, embora não tenha se afastado dela tanto assim durante as férias. Muitos na verdade chegam a manter seu desempenho habitual também nas férias, com a diferença de que a tensão profissional é substituída pelo grande número de atividades. A pessoa não quer perder nada, pois há tanta coisa a ser vista, sem falta! Afinal, o velho mito garante — apesar das aparências — que as viagens ampliam os horizontes. Quando observamos muitos dos mais populares paraísos turísticos — que pouco diferem dos aglomerados de arranha-céus alemães e, às vezes, são até mais feios, só que se situam junto ao mar e em regiões ensolaradas — não podemos deixar de perguntar o que terá acontecido com a percepção das pessoas, já que elas sonham com férias em lugares onde tudo seja totalmente diferente de onde moram. Ou será que está aqui em ação o velho "teorema de Thomas", de acordo com o qual nossa percepção de uma situação a transforma naquilo que definimos como real? Um aglomerado de construções modernas banhadas pelo sol nas Canárias é na verdade sentida de modo diferente de um aglomerado semelhante situado em Hannover. Ou estará aqui em ação o comportamento descrito pela pesquisadora de mercado americana, Faith Popcorn: "Carregue-me para uma outra vida. Mas traga-me de volta para o jantar"?[2] A mentira aqui está no fato de que as pessoas enganam a si próprias e deixam de tomar conhecimento de sua situação real. Essa contradição entre sonho e realidade talvez tenha pontos a seu favor, mas a longo prazo ela se torna um prejuízo, devido ao vazio emocional que vai se criando.

Embora as férias em geral se revelem como um paraíso com pequenos defeitos, e até mesmo com sérios contratempos, dificilmente se ouve falar dessas verdades desagradáveis. Se for o caso, menciona-se um pequeno roubo sofrido, mas que não foi sério, porque fomos mais espertos que o ladrão prendendo à cintura uma outra carteira com a maior parte do dinheiro. Ou então é preciso comentar as fotos desagradáveis da pobreza por trás da exuberância dos apartamentos de luxo, mas que afinal, deve-se reconhecer, têm

---

2. Popcorn, Faith, *Der Popcorn-Report. Trends für die Zukunft*. Munique, 1992 (ed. inglesa: 1991).

"muito de parecido" com o que temos na Alemanha. Por outro lado, a maioria das pessoas parece aceitar o conselho de Grobianus (1615) de Dedekind: "Uma pessoa fina tem tantas mentiras de férias para contar que a faca de pão fica com tantos dentes que o anfitrião pode usá-la para serrar".[3] Parece até mesmo haver uma regra prática: quanto mais longe o lugar para onde se viaja, tanto mais grandioso o relato da viagem. "Todos foram tão hospitaleiros", as pequenas lembranças custaram "quase nada", o atendimento foi "tão atencioso", o serviço de *buffet*, "uma maravilha", e até mesmo os cigarros estavam incluídos — uma oportunidade fantástica! Onde estão agora a tensão da viagem, os trajetos de ônibus até o hotel, de acabar com os nervos, todos os atrasos, as confusões na praia e na rua, as esperas intermináveis no saguão de aeroportos? Mentiras de férias — sem fim!

Com o decorrer do tempo, quando o vazio interior não pode mais ser ocultado com mundos imaginários e lúdicos, a preocupação se volta para os cuidados "mais caros". É a hora dos centros de saúde e das estâncias de tratamento estético. O preço pago é proporcional à consciência culpada das pessoas, que nem estão suficientemente doentes para ser consideradas doentes, nem saudáveis o suficiente para ser consideradas saudáveis. O desejo de saúde ou juventude é compreensível e legítimo, mas a mentira começa no momento em que a pessoa transfere para outros a responsabilidade por elas e "se deixa curar". Primeiro ela se resigna, se penitencia e se desintoxica, para depois, com a consciência tranqüila, voltar a se entregar a seus destrutivos elixires da vida. Assim, ela depositou alguma coisa em sua "conta saúde" — isso deve ser suficiente pelo menos para um ano, até a próxima crise. Os agiotas da saúde riem-se às escondidas, pois vivem disso: "de ano para ano".

Por mais perigosa que seja a mentira da saúde existe outra ainda maior, que não raramente resulta em grandes decepções e

---

3. Citado em: Guggenbühl, Allan, *loc. cit.*, p. 42.

cicatrizes na alma: a oferta do transcendental. Na verdade, muito lucrativa — para quem oferece! Essa oferta se tornou internacional e tão comercial e abundante que se pode falar de uma verdadeira onda de desorientação. Da mesma forma que as ofertas de futilidades dos paraísos de férias e recreação, as ofertas de libertação metafísica também podem trazer soluções apenas ilusórias, principalmente porque ambas oferecem somente recompensas momentâneas que, sem dúvida, suprimem o tédio, a solidão e a monotonia do cotidiano, por um determinado tempo — mas o que acontece depois? A mentira do agiota esotérico está na exclusividade de suas promessas de libertação, que sempre deixa de mencionar que em todas essas doutrinas de cura está em questão um caminho, e em geral um longo caminho, que deve ser percorrido com muita dedicação e também com muita disciplina. A mentira do resultado rápido engana as pessoas que estão em busca de riqueza interior. Por isso muitas vezes esse tipo de mentira deixa atrás de si mais que apenas um saldo negativo no banco; em geral ficam também cicatrizes de feridas infligidas à alma, porque a libertação prometida não veio. Mentiras de férias — um capítulo sem fim!

MENTIRAS INFANTIS

Enquanto os adultos vivem o engano e a mentira como um tema delicado, as crianças descobrem esse tema como algo absolutamente natural e lúdico; em geral, isso acontece muito mais cedo do que os adultos acreditam. Na medida em que a mentira é uma afirmação ou ação lingüística na qual estão separados o que a pessoa diz e o que ela sabe, é preciso admitir que a criança tem de aprender a língua antes de poder mentir. Sons, expressões faciais e palavras — os meios de expressão originários — não são ainda afirmações, mas apenas palavras expressando sentimentos ou desejos. Também a prática de fantasiar e inventar histórias, livre e inconscientemente, que muitas vezes erroneamente é interpretada como mentira, não é ainda mentira no sentido rigoroso; sobretudo as imagens do desejo e da fantasia da criança são de tal forma vigorosas que ela simplesmente as toma pela realidade. As crianças pequenas ainda não conhecem os limites claros entre a verdade, a mentira, a consideração pelo outro e a franqueza. Primeiro elas têm de aprender que existem as "regras do jogo" que permitem diferençar entre a mentira e a verdade. Jean Piaget foi o primeiro a pesquisar o conceito de mentira com relação ao desenvolvimento cognitivo da criança e descobriu que a compreensão infantil da mentira se desenvolve de modo progressivo.[1] Do uso de palavras mal-educadas, passando pelas histórias inventadas e pela indução ao erro, até as manifestações deliberadamente não-verdadeiras, as crianças aprendem de modo bastante natural a enganar e a mentir, na medida em que se ajustam aos conflitos e expectativas de seu meio. Com cerca de seis anos de idade, a criança começa a perceber que nem todas as pessoas têm a mesma visão das coisas. Esse conhecimento torna possível a sensibilidade moral, mas ao mesmo tempo possibilita um novo tipo de engano, pois a princípio a criança pensa que somente ela pode perceber o que se passa na sua cabeça, ao passo que ela consegue perceber as intenções dos outros. Mas logo ela percebe que também os outros podem dissimular, tanto quanto ela própria. Ela também descobre que os outros podem perceber seus planos de enganar e começa a observar os outros e a si mesma simultaneamente; com isso ela passa a desenvolver uma espécie de "percepção recíproca". Nesse novo estágio cognitivo da criança, a prática de enganar e mentir inclui o ocultamento dos próprios sentimentos e não apenas o segredo de

---

1. Piaget, Jean, *Das moralische Urteil beim Kinde*. 3ª ed., Frankfurt ,1979.

seus astutos planos de enganar. Aparentemente esse comportamento é até mesmo mais natural para as crianças do que o comportamento honesto e sincero, que parece exigir o apoio e o reforço das práticas educativas.

Somente quando a criança adquire a capacidade de designar as coisas pelo nome, e consegue usar isso a serviço de concepções verdadeiras ou falsas para atingir determinados objetivos, é que ela pode produzir os resultados que chamamos de mentira. Isso ocorre na idade de quatro anos ou, talvez, até mesmo mais cedo. Até a idade de cerca de oito anos toda afirmação incorreta é considerada uma mentira. Nesse caso, a intenção não desempenha papel algum: trata-se apenas de saber se a afirmação é verdadeira ou não. Por outro lado, o grupo austríaco de pesquisa Wimmer e outros pesquisadores conseguiram provar em suas pesquisas com crianças de quatro e seis anos que elas atribuem a intenção de mentir a toda pessoa que afirma algo falso.[2] O interessante é que as mesmas habilidades que estão presentes na mentira também são necessárias para o desenvolvimento de características sociais positivas. Para ambas são necessárias sensibilidade e empatia. Marie Vasek resume isso da seguinte forma: "O mesmo processo que permite à criança desenvolver o comportamento de enganar também torna-lhe possível progressivamente considerar as próprias ações do ponto de vista do grupo social a que pertence ... O que é necessário para enganar também é útil quando se trata de desenvolver a empatia ou colocar as próprias ações em sintonia com as dos outros; sem essas capacidades, a sociedade humana não poderia existir".[3]

---

2. Wimmer, Heinz, Gruber, Silvia, Perner, Josef, "Young children's conception of lying: Lexical realism — Moral subjectivism". In: *Journal of Experimental Child Psychology*, 37/1984, pp. 1-30.

3. Vasek, Marie E., "Lying as a skill: The development of deception in children". In: *Deception: Perspectives on human and nonhuman deceit*. Mitchell R. W., Thompson N. S. (orgs.). Nova York, 1986, p. 289.

O essencial é que a criança na idade de quatro anos já sabe que a intenção de mentir é algo reprovável. Segundo a pesquisa, crianças pequenas são "fanáticos da verdade"; somente na idade de nove a onze anos é que elas se tornam mais flexíveis. Elas começam a pensar com referência ao contexto e não consideram mais toda mentira como um comportamento errado. Enquanto as crianças mais velhas temem a perda da confiança como conseqüência da mentira, as crianças menores temem apenas a punição.

As crianças têm uma peculiar sensibilidade para a verdade e a mentira. Mesmo quando os adultos contam as histórias mais absurdas, elas conseguem distinguir com precisão a mentira da verdade. Elas ficam extremamente irritadas ao perceber nos pais a não concordância entre o que eles dizem e sua linguagem corporal. Elas sabem intuitivamente o que Eugen Drewermann formulou do ponto de vista da teologia moral: "Uma pessoa nunca mente sem se ver enredada numa contradição. Já no momento em que ela diz a mentira a expressão corporal trai com clareza suficiente a verdade que as palavras ocultam, e é preciso muita prática e habilidade com a mentira para não dar, à revelia, os sinais que ... inequivocamente dizem que ela está mentindo".[4]

Sem dúvida, não é um acaso que no momento em que atingem a idade escolar as crianças estejam aptas a lidar com as mentiras e a prática de enganar, bem como a usá-las em benefício próprio. O que começa como simples brincadeira e diversão, e dessa forma produz um certo contato prudente com o mundo ou cria uma proteção diante da severa realidade, com o decorrer do tempo e com o aumento da competência na comunicação passa a ser usado estrategicamente e de modo cada vez mais deliberado para evitar punições, para explorar os outros ou atuar por trás das cortinas de modo a se manter na competição e mostrar desempenho, para poupar os sentimentos dos outros ou para preservar os outros de situações

---

4. Drewermann, Eugen, "Ein Plädoyer für die Lüge oder: vom Unvermögen zur Wahrheit". In: *Psychoanalyse und Moraltheologie*, vol. 3, p. 208.

embaraçosas. Não podemos ignorar que as crianças muitas vezes mentem para proteger seus segredos, o que é extremamente importante para seu amadurecimento, pois exprime seu direito a uma esfera privada. Mas as mentiras também desempenham um papel importante como válvulas de escape contra agressões: elas permitem que a criança ataque ou provoque sem se responsabilizar por isso. Um dos principais aspectos da escola é a rivalidade e o comportamento competitivo, pois na escola as crianças aprendem que são avaliadas e julgadas, que têm de ser "comportadas", "capazes" e, sobretudo, "melhores do que as outras" para fazer "boa figura". Assim, o medo dos outros e a pressão por parte dos professores e dos pais não são um mero produto da fantasia — muito ao contrário —, e nossas instituições de educação, que funcionam sob o princípio da produtividade e da competição, são na verdade incubadoras da prática de enganar e mentir. Na escola as crianças aprendem todos os refinamentos e nuanças da mentira — por exemplo, por meio de competições, concursos, jogos e projetos em conjunto. Elas aprendem a arte de induzir ao erro, aprendem a manipular os colegas de escola e a modificar o próprio comportamento de modo a corresponder às necessidades do professor. Elas aprendem que existe toda uma gama de verdades e que há muitas perguntas para as quais existe mais de uma resposta. Assim se forma aos poucos um tipo de conhecimento que pode ser reduzido a um denominador comum: quem diz tudo é considerado idiota, ingênuo ou aborrecido. Quem tiver obstinação pela verdade nua e crua é considerado teimoso ou cabeça dura. Quem não é capaz de ignorar mentiras é considerado desconfiado e mesquinho. Também a verdade precisa de dosagem e moderação; ela possui nuanças e muitas vezes ela não vinga sem que sejam feitos cortes, pois ainda existem outros valores que freqüentemente são tão importantes quanto ela para a convivência no grupo ou na família. Mais precisamente: é preciso um equilíbrio entre o pouco demais e o demasiado, se se quiser conviver bem com as pessoas.

MENTIRAS NECESSÁRIAS

A necessidade ensina não apenas a pedir, mas também a agir. Quando não conseguimos modificar uma situação angustiante ou mesmo perigosa para a vida, ou pelo menos reinterpretá-la dando-lhe um outro significado que possa diminuir o medo ou a angústia nela presentes, usamos um outro instrumento contra o medo: as mentiras necessárias, que Martin Luther King muito apropriadamente designava como mentiras úteis e benéficas. Quando se trata de questões de vida ou morte, a maioria das pessoas concorda que deve existir um direito à mentira necessária. Immanuel Kant, com sua moral rigorista, está praticamente sozinho nesse amplo terreno, ao negar o direito de mentira também nesses casos: "O dever de dizer a verdade [...] (é) um dever absoluto [...], que vale para todos os comportamentos".[1] Essa atitude tão severa e orientada pelas leis morais parece cruel e mesmo hostil à vida, quando por exemplo nos lembramos do Terceiro Reich. No caso das pessoas que escondiam os judeus perseguidos pelos nazistas: como elas poderiam salvá-los e a si mesmas sem mentir?

Mas, e no caso do relacionamento cotidiano entre filhos, pais e família? Podemos recorrer às mentiras necessárias também nesses relacionamentos, que precisam de uma forte base de confiança? Ou devemos expressar sem restrição todos os nossos sentimentos mais fortes, mesmo quando podem trazer sérias conseqüências aos outros?

Isso sem dúvida seria cruel e abominável, e provavelmente acabaria com qualquer relacionamento. Todos ficariam se perguntando: será que, em caso de necessidade, eu recorreria a alguém que

---

1. Kant, Immanuel, *Über ein vermeintliches Recht, aus Menschenliebe zu lügen*. In: *Werke in 6 Bänden*. Weischedel (org.), W. Wiesbaden, 1956 (3ª ed. Darmstadt, 1970), p. 641.

se guia pelo frio princípio da verdade a qualquer preço? O mais provável é que, em caso de necessidade, sentiríamos mais confiança em pessoas que valorizam nosso bem-estar e nosso amor-próprio mais do que princípios abstratos. O que aconteceria se as pessoas dissessem francamente o que pensam e o que acham umas das outras? Sem dúvida, é quase impossível imaginar o que aconteceria se de repente todas as camadas de mentira fossem removidas e nós nos mostrássemos uns aos outros exatamente como somos? Isso sem dúvida provocaria uma revolução, uma reviravolta no distanciamento entre as pessoas: sem dúvida, resultaria numa proximidade inconveniente e inesperada. E de uma coisa podemos ter certeza: viver da forma como vivemos hoje seria simplesmente impossível. Todos nós precisamos de brechas e alternativas de fuga para poder sobreviver neste mundo confuso e pouco hospitaleiro. Mesmo as pessoas de caráter mais firme e incorruptível devem se perguntar se não estão deixando algo de lado — o fator humano do medo, que está na base da necessidade de mentir. E também um outro fator: a situação. Uma coisa é falar da "verdade pura", do *factum brutum* (que etimologicamente também significa "o feito") da verdade, isto é, buscar entender como a verdade funciona em si, por si e como princípio, outra coisa é a verdade no relacionamento com pessoas, numa determinada situação e em determinadas circunstâncias. No caso das mentiras necessárias acontece o mesmo que com outras formas de comportamento humano: elas são indispensáveis sempre que temermos sucumbir na arena da luta pela sobrevivência se ficarmos apenas com a verdade. Isto é: as pessoas em geral estão em busca de alívio, conforto, segurança ou tranqüilidade.

Schopenhauer foi o primeiro a discutir o problema da mentira no contexto da problemática da legítima defesa. O que é relevante para nós na sua abordagem, oposta à de Kant, é a sua perspectiva, que coloca em primeiro plano o *motivo* da mentira e não o próprio fato da mentira. Além da legítima defesa contra a violência e a astúcia, ele também reconhece um "dever de mentir" para evitar a curiosidade indevida, para evitar o risco de comprometer alguém, nos casos de cuidados médicos e também no caso das mentiras nobres, isto é, quando alguém assume a culpa de outro.[2]

Em especial nos momentos de crise, em que as pessoas muitas vezes sofrem de falta de esperança, a questão do direito à mentira necessária se coloca com toda a força. Um exemplo trágico disso é o romance de Jurek Becker, *Jakob der Lügner*. Trata-se da história de um judeu do gueto de Varsóvia, que estando a caminho do campo de concentração de Auschwitz, apesar da total falta de perspectivas, recusa-se a perceber a cruel realidade em que está mergulhado e até o final continua otimista. A cada dia ele inventa novas histórias que lhe dão esperanças, mentiras reconfortantes, porque ele simplesmente não consegue entender a maldade e a perversidade dessa realidade. É um documento humano e comovente de como, por vontade de sobreviver e por anseio de "um pedaço do céu", alguém recorre desesperadamente a mentiras necessárias.[3]

Será que — mesmo em situações menos desumanas que a de *Jakob der Lügner* — temos o direito de recorrer a mentiras necessárias para simular para nós mesmos uma melhor forma de vida? Isso é no mínimo humano e sobretudo compreensível, na medida em que serve a uma importante função de sobrevivência.

É justamente durante as crises geradas pela necessidade de definir nossos valores ou pela necessidade de tomar decisões inadiáveis que, em geral, a pergunta sobre a verdade em contraposição à mentira se coloca com toda a força. Assim, em períodos de crise, a pressão para recorrer a mentiras necessárias pode se tornar irresistível. As pessoas não se comportam como habitualmente e tendem a perceber a realidade de modo distorcido. Quando não podemos mais enfrentar a situação de frente, fugimos, batemos em retirada, porque não estamos preparados para lidar com a situa-

---

2. Schopenhauer, Arthur, *Sämtliche Werke*, 7 vols. Hübscher A. (org.), vol. 4, pp. 222-226.

3. Becker Jurek, *Jakob der Lügner*. Roman. Berlin-Weimar, 1969, Frankfurt, 1976.

ção crítica. Devido a essa busca de distanciamento provocada pelas crises, a mentira confortadora do tipo "isso não me atinge" tende a proliferar: em momentos de crise as pessoas ficam extremamente predispostas à mentira. Quando há outros envolvidos na crise, também nos sentimos desamparados, pois procuramos principalmente salvar a nossa própria pele. Alguns especialistas em psicologia social (por exemplo, B. Latané e J. Robbin) conseguiram comprovar por meio de experiências como é freqüente o fato de as pessoas recorrerem a mentiras necessárias em situações difíceis. Numa delas, por exemplo, fez-se com que estudantes ouvissem os ruídos de uma mulher caindo no apartamento vizinho e se queixando em voz alta de seus ferimentos. A maioria deles fingiu não entender nada, ou então procurou minimizar o incidente, dizendo que não era "nada sério".

As crises não têm a ver apenas com a ilusão e a mentira, mas também com as desilusões. E desilusão significa basicamente: o fim da ilusão. Assim, as crises também têm seu outro lado: elas podem nos libertar das ilusões e das mentiras — das próprias e das dos outros — quando usadas de modo sadio. As crises nos forçam a reexaminar nossas convicções, a reorganizar nossa vida, a fazer escolhas. Elas também nos obrigam a fazer perguntas radicais: até onde eu me enganei sobre mim mesmo? O que eu quero e o que eu sei? O que era apenas fruto da imaginação, uma racionalização dos desejos, ou simples promessa vã?

Quando no dia-a-dia as pessoas ouvem a expressão "mentiras necessárias", elas evidentemente não estão pensando primeiramente nas situações dramáticas da vida, mas sim em situações do cotidiano e na aceitação tácita do direito a esse tipo de mentiras, para evitar situações difíceis ou desagradáveis: para recusar convites não desejados, para se livrar de uma visita, para cancelar compromissos ou para não cumprir contratos e obrigações. Em resumo, recorre-se a evasivas, nem sempre se denuncia o fingimento, faz-se vista grossa a mentiras, agradece-se e finge-se estar satisfeito, e às vezes até mesmo vê-se apenas o que se deve. Nesse caso a regra é:

não repare em mim que eu não reparo em você! Se você não me acusar de mentiroso, eu também não acuso você.

Os próprios pais permitem que seus filhos saibam, de modo direto ou indireto, que a mentira pode "ser necessária". "Diga prá vovó que viajamos no fim de semana!", ou "Fale para eles que dissemos que você não pode ...". Seguindo a regra não-explícita de que não se diz tudo o que se deve dizer, com nossas mentiras necessárias nós tacitamente incentivamos uns aos outros, e com isso estamos ao mesmo tempo aceitando a validade das regras e normas que transgredimos. Isto é: ao usar meios equívocos, não estamos de forma alguma desistindo de nos orientar pelo bem. Se fôssemos exclusivamente mentirosos, ficaríamos em silêncio. Como disse Claudel: "Deus escreve certo por linhas tortas".

MORTE

A morte não faz parte do cenário da vida do líder e do vencedor. Ela foi transferida para a periferia das cidades. A expulsão simbólica dos mortos da comunidade dos vivos e a segregação social da morte estão vinculadas à nossa incapacidade de conviver com ela. Todas as mentiras, em última análise, remetem a essa exclusão da morte. Como ninguém consegue imaginar a morte como sua própria morte, disso surgem duas atitudes mutuamente complementares: a morte não faz parte de nossa vida e se contrapõe a nós — dissonante e inaceitável — como humilhação ou aniquilamento absoluto e, como só pode ser pensada como a "morte do outro" (P. Ariès), nós nos comportamos com relação a ela unicamente como a morte do outro. "Viva e deixe morrer", como diz o título de um dos filmes de James Bond, é uma regra ditada pela experiência, à qual nos apegamos em nome da sobrevivência.

A morte é negada, silenciada ou ignorada; assim buscamos afastar tudo que possa nos fazer lembrar dela e resistimos ao inevitável: as doenças são combatidas, a beleza é conservada e a juventude é preservada a qualquer custo. Quem não procura mais um sentido, dedica-se ao jogo da falta de sentido; a torrente atual de produtos absurdos é a expressão dessa atitude cínica. Quem se dissimula com uma atitude de despreocupação livra-se de suas últimas inseguranças se seguir o *best-seller* de Dale Carnegie, que já em seu título não deixa margem a dúvidas: "Não se preocupe, viva!". Se, porém, a pessoa é do tipo que sofre ou fica remoendo as coisas, então ela não pode ignorar a realidade da morte. Como não pode fazer nada contra ela, resta apenas a decisão de aceitar tudo tal como é: para si mesma, para os outros e para o meio social. E também: pensar positivamente, não perder o humor, nem ficar triste — o importante é viver.

No entanto, o reverso também é verdadeiro: que mortal poderia suportar, com a atitude e a seriedade necessárias, as profundezas abissais de sua existência, mesmo que por apenas um dia, sem enlouquecer?

Funcionando como pano de fundo da mortalidade, todas as mentiras são, em última análise, meios para fugir à morte, para a busca da autopreservação. Assim o desejo de fugir à morte transforma o mundo num palco da luta pela sobrevivência, onde cada um é o concorrente do outro, e tudo o que prejudica a vida ou bloqueia o próprio desejo é considerado inimigo e, dessa forma, precisa ser impedido, combatido ou evitado. A atitude de recusar a morte coloca a vida num cenário materialista, conforme a expressão "Depois de mim, o dilúvio"; a vida passa então a ser dominada por uma cobiça insaciável, por trás da qual, em vez da libertação ansiada, somente o nada se deixa entrever. Também na família o ego permanece como o único e inconfessado ponto de referência, pois mesmo nos filhos as pessoas amam sua "própria carne e sangue" e esperam sobreviver à morte, pelo menos dessa forma.

O que antes constituía o saber do sacerdote ou do xamã — o saber sobre o lugar e os acontecimentos depois da morte — dá lugar ao moderno ego que cria a si mesmo por meio do controle, da racionalidade e do pragmatismo. Somente um ego que é consciente da própria mortalidade, e com isso pode transcender a si mesmo, estaria em condições de se posicionar com relação ao outro-mundo. Para a maioria, no entanto, a morte não é uma ponte para algum lugar, mas um ponto final, uma ruptura. Isso também modifica nossa visão da vida. Quando o sentido das coisas somente pode ser dado pelo próprio homem, o mundo torna-se obscuro. Nós caímos em depressão ou nos tornamos vítimas do medo, ao perceber que não existe um sentido próprio às coisas, mas sim que nós corremos atrás de ficções, ilusões e mentiras — assim resta apenas a autopreservação como única realidade da alma. Mas essa não é a última palavra, pois à medida que se "aboliu" o conhecimento que as gerações passadas tinham sobre o que acontece depois da morte, as idéias, que antes tinham valor metafísico, tornaram-se realidades concretas: viagens espaciais, máquinas pensantes, drogas, esportes de competição, turismo, mágicas rejuvenescedoras, comunicação global — enfim, tudo é expansão e dispersão da limitação própria do nosso mundo. É a "transcendência substitutiva", para usar um conceito de Peter Sloterdijk.[1]

Junto a isso, há muito existe um movimento no sentido inverso, de retorno a tendências místicas ou a concepções religiosas animistas que operam como uma autodefesa contra as exigências excessivas de nosso mundo material e atuam como um modo de reprimir a morte. O espiritismo, a metafísica negra, a comunicação com seres "lá de cima" — são exemplos que fazem suspeitar de como as pessoas estão em busca de novas interpretações para defender o "além" contra este nosso mundo cético. Aqui, sem dúvida, encon-

---

1. Sloterdijk, Peter, *Kritik der zynischen Vernunft*, vol. 2. Frankfurt, 1983, p. 637.

tra-se um outro perigo: o de que a própria religiosidade degenere em superficialidade, pelo fato de a unicidade da vida e o caráter definitivo da morte não serem levados a sério.

A censura de que abandonamos os moribundos a si mesmos porque não podemos suportar o nosso próprio medo da morte é bastante justificada. Mas como podemos chegar a uma atitude honesta com relação à morte? Sem dúvida, não por meio de apelos morais. Dorothee Sölle disse numa conferência que aprendemos a lidar com a morte quando aceitamos que o morto, que no seu túmulo diz "Você será o que eu sou", deve ser tomado como lição não apenas sobre o fim da vida, mas também para a própria vida.[2] A aceitação da própria finitude é uma postura que se pode conquistar, mas apenas diante do pano de fundo de uma vida e uma autoconfiança que sejam plenas e afirmativas. Por outro lado, uma característica de nossa época é o fato de que, em meio às amplas possibilidades da auto-afirmação, além do conceito depreciativo de "narcisismo", nós praticamente não conhecemos nenhum outro. Como uma espada, ele é brandido contra as tendências de um exame da própria consciência, e considerado suspeito. Aparentemente, nossa sociedade precisa de pessoas cheias de ambições e de dúvidas sobre si mesmas e que estejam em busca de reconhecimento, pois isso estimula a luta pela concorrência.

PALCOS LÚDICOS

A tarefa da educação hoje em dia não pode ser entendida de modo tão simples quanto antigamente, como o preparo das crianças para

---

2. Sölle, Dorothee, "Auf der Suche nach der verlorenen Zeit..." Conferência ministrada na Basiléia, em 21.2.1995.

o mundo dos adultos. Ela é, ao contrário, a realização de uma mudança junto com as próprias crianças, que as afaste do mau uso de mundos alternativos, para que desenvolvam seus sentidos e possam treinar sua capacidade de observação e imaginação. Elas nunca conseguirão perceber com clareza suas necessidades e alegrias se não pisarmos juntamente com elas no palco lúdico das histórias por meio das quais elas poderão descobrir a realidade. À medida que as crianças se deixam fascinar por histórias, é nosso dever fazer com que elas possam aproveitar esse espaço de desenvolvimento. As crianças conduzem os adultos rumo aos indícios da verdade que nós freqüentemente esquecemos, pois elas percebem mais do que nós por meio dos nossos sentidos. Todas as crianças têm necessidade de histórias, e não apenas da própria história. A expressão "Não me venha com histórias" mostra que, quando alguém conta histórias, nós pressupomos que nem tudo é como foi relatado. O melhor presente que podemos dar às crianças é o espaço de desenvolvimento para seu gosto por histórias. Esse espaço somente pode surgir se lhes dermos segurança, carinho e atenção, mesmo que às vezes tenhamos de deixar descontar algo da verdade.

"Em alemão, as pessoas mentem quando estão agindo com polidez." Essa afirmação do *Fausto* de Goethe se aplica bem pouco a crianças. Isso pode estar vinculado ao fato de que elas ainda não têm muita prática em avaliar o que é conveniente e apropriado, ou se o interlocutor se sentirá ofendido ao ouvir determinadas verdades. As crianças devem primeiramente aprender que, além do amor à verdade, existem também regras para o jogo da verdade. A responsabilidade das crianças funciona de modo diferente da que se exerce por palavras. Onde fica, para uma criança, a diferença entre a verdade e uma história maluca e fantástica, se a história for bem contada? Ou a diferença entre as perguntas "Existe?" e "Não existe?" — se a história for emocionante? As crianças precisam de palcos lúdicos da verdade, precisam de histórias que elas possam ouvir livre e despreocupadamente. Com uma maior experiência, elas aprendem que existem, como na maioria das metas morais da educação, diferenças, nuances e descontos a serem feitos. Assim ganha sentido o título aparentemente absurdo que George Bernard Shaw deu a um texto seu: "Por que devemos mentir a nossos filhos". Não será que, num relacionamento lúdico com o que chamamos de verdade, as crianças se preparam e exercitam para seu relacionamento com as não-verdades dos adultos? Para completar, eu gostaria de retomar uma afirmação de Umberto Eco: "A coisa mais diabólica é a crença sem um sorriso".[1] Eu a reformularia da seguinte forma: "O diabólico é a verdade sem um sorriso", pois a verdade somente é humana se estiver ligada ao riso. Por esse motivo, as crianças precisam de palcos alternativos e de ensaio, abrigos e refúgios, onde possam viver nas diferentes histórias as coisas sob diferentes luzes, e dar uma nova interpretação às adversidades e decepções. Além da alegria lúdica de adestrar o próprio "detector de mentiras" — basta lembrar a antiqüíssima brincadeira de virar a casca vazia de um ovo e oferecê-la como presente a uma outra pessoa —, é sobretudo, o desejo de atenção que é saciado nesses palcos lúdicos.

Somente por curtos momentos conseguimos ter a certeza de sermos aceitos pelo que realmente somos. Nós somos instruídos a "parecer bem" para os outros, a buscar reconhecimento, a causar uma boa impressão. Nós temos necessidade de estar satisfeitos conosco, e de ter uma boa opinião sobre nós mesmos, de modo que estamos sempre dispostos a torcer a realidade para que ela esteja em sintonia com a auto-imagem que nós nos empenhamos em construir. Por isso, reprimimos todas as inclinações, emoções, impulsos e qualidades que não se encaixam na imagem ideal de nosso eu. Para superar a distância entre o que somos e o que gostaríamos de ser, nós precisamos às vezes de histórias que nos ajudem a encontrar o equilíbrio e a atenuar as agruras da realidade. Para enfrentar as decepções, às vezes podem se mostrar úteis mentiras e ilusões que

---

1. Eco, Umberto, *O Nome da Rosa*. Munique, 1986.

nos ajudem a fugir de realidades dolorosas. O psicólogo Karl Birnbaum destaca essa função de enganar-se a si mesmo:

"Por uma magnífica ilusão que me deixe feliz
vale a pena sacrificar a verdade que me oprime."[2]

"Por que meu filho mentiu para mim?" Essa é uma pergunta que os pais se fazem pelo menos uma vez, e à qual se seguem preocupações e perplexidades acompanhadas de sentimentos que vão da impotência até a raiva e os sentimentos de culpa. No entanto, todos os pais sabem que seus filhos às vezes mentem para eles, e a maioria deles pode ainda se lembrar das próprias mentiras na infância e adolescência. As mentiras abalam os sentimentos de confiança e união. Elas fomentam a desconfiança e podem atrapalhar e até mesmo destruir um relacionamento íntimo. A maioria dos pais não está preparada para a difícil tarefa de fortalecer a confiança e favorecer a sinceridade e, ao mesmo tempo, permitir que seus filhos desfrutem de autonomia e privacidade. Além disso, sabemos que as crianças reagem muito mais à ação efetiva dos pais do que ao que eles lhes dizem. Dessa forma, além da personalidade da criança, a imagem dos pais como modelo é um importante fator a ser considerado quando se quer compreender o motivo por que muitas crianças mentem mais que outras.

Pais que se preocupam com as mentiras dos filhos precisam parar um pouco para pensar com que freqüência eles próprios tendem a recorrer a mentiras e evasivas. Existem crianças que, como um sismógrafo, registram coisas que os adultos talvez considerem como mera desculpa inofensiva. "Por que você mentiu ao telefone? Papai já chegou faz tempo!" — é mais ou menos assim que elas apontam as mentiras dos pais. Se quiserem afastar seus filhos da mentira, os pais devem examinar com honestidade com que fre-

---

2. Birnbaum, Karl, "Die pathologische Lüge". In: Lipmann O., Blaut, P., *loc. cit.*, p. 562.

qüência e de que modo eles próprios se afastam da verdade. Descobrir que o filho mentiu, sempre significa para os pais uma perda de poder, pois na mentira a criança expressa seu poder e direito de decidir o que ela quer revelar, ocultar ou dissimular. E também seu direito de proteger a si própria e sua esfera privada.

Às vezes é melhor enganar a criança, estimulando sua crença em fadas, Papai Noel, coelhos da Páscoa e duendes, e dessa forma manter sua imaginação viva e ativa, que querer delas verdades que irão exigir demais de sua capacidade de discernimento. Hoje em dia a maioria das crianças sabe como nascem os bebês. Mas não é emocionante quando a criança, que já conhece tanto sobre a procriação, não consegue dormir de euforia porque o Menino Jesus está a caminho? E até mesmo as lojas com suas prateleiras abarrotadas com presentes de Natal encontram uma explicação: "Não é verdade que o Papai Noel também compra aqui?". Na verdade, os pais esclarecidos deveriam colocar um freio nesse ponto, mas como em geral nós nos lembramos tão bem do difícil momento em que a verdade nos foi revelada, não fica muito fácil para eles ser impiedosamente francos e, talvez por isso, eles façam uma concessão, dizendo que o Papai Noel, sem dúvida, vem para as crianças que acreditam nele, pois a nós mesmos muitas vezes parece, na véspera de Natal, que o Papai Noel deixou um pouco de magia atrás de si.

Que razões podemos ter para não responder à curiosidade da criança com fantasias? Na verdade não há qualquer prova de que um relacionamento fantasioso com a realidade tenha algum tipo de influência negativa sobre o comportamento ético na idade adulta. Ao contrário, existem bons motivos para se acreditar que um relacionamento fantasioso com a realidade tem efeitos positivos sobre a inteligência, a capacidade de aprendizado e sobre uma atitude positiva com relação à vida. Assim, muito mais importante que a pergunta: "Mentira ou não?" parecem ser as perguntas: "Até que ponto meu filho está preparado para lidar com a verdade? Como está sua capacidade de discernimento? Como posso proporcionar a meu filho a possibilidade de agir com sinceridade?". Esses pensamentos e perguntas criam confiança, não apenas nos pais, mas também na própria criança.

Como é freqüente as crianças se sentirem perturbadas com as notícias transmitidas à noite pela televisão! Será que os pais devem permitir que elas vão para a cama com o conhecimento de que o mundo é cruel e cheio de violência? Ou eles devem em vez disso dar-lhes um "alimento para a alma" com uma história que atenue as agruras da realidade? E quando a criança se fere, está magoada ou doente? Para a criança, faz uma grande diferença se ela recebe um medicamento ineficaz ou então uma história ou canção com a seguinte mensagem: "Preste bem atenção, que você logo ficará boa". O desejo não expresso de toda criança de ser cuidada e protegida será mais bem atendido se nos servirmos da linguagem da criança: a linguagem da imaginação e das histórias.

PAPÉIS

Nossa fixação nos diferentes papéis que temos de desempenhar em nossas vidas é também uma porta aberta para um sem-número de mentiras e enganos. Os papéis de pai, mãe, filho, chefe ou subordinado estão sujeitos a determinadas regras e leis não escritas, às quais nos sujeitamos e que determinam o que é certo e o que é errado. Os papéis têm a tendência a desenvolver uma dinâmica própria, favorecida e intensificada por modelos, experiências, concepções e comparações com os outros. Na maior parte do tempo, não estamos conscientes de como ficamos presos a nossos papéis ou não temos condição de torná-los mais flexíveis e de nos libertarmos de padrões rígidos de comportamento. O que é afinal nosso cotidiano senão um estar sempre nos comprometendo com algum papel com o qual nos identificamos? Afinal esse papel é algo de muito tangível. Nós nos deixamos envolver por ele e o desempenhamos tão bem quanto possível.

Os sociólogos definem o "papel" como um comportamento que é adequado em uma determinada situação, mas não em outras. O aplauso, por exemplo, não é um papel, mas no final de um concerto pode ser considerado como o papel da platéia, pois é esperado, é adequado (se o concerto foi bom) e é específico à situação. Quem não toma parte, é visto como um estranho e é tratado com suspeita, ou é até mesmo excluído. Assim nós adaptamos nosso comportamento e nossas concepções aos diferentes papéis que temos de desempenhar e respeitamos as limitações que eles nos impõem. Com isso garantimos para nós mesmos um distanciamento com relação às expectativas sociais, o que tem algo de reconfortante: "O ser humano, o indivíduo, nunca é completamente o que ele 'é'".[1]

Desde pequenos são-nos ensinados, como devemos fazer isto ou aquilo, como deve ser uma boa mãe, um pai responsável, um estudante bem-sucedido, uma boa avó, um eficiente colega de trabalho, um bom paciente. Mas nós não desempenhamos nossos papéis como simples marionetes; ao contrário, sempre somos "mais" do que exprimimos com nossos papéis. Nós vinculamos nossos papéis a valores que muitas vezes não têm qualquer relação com exigências práticas. Quer sensato quer não, nós nos preocupamos com as expectativas e opiniões e agimos em função delas. Sem dúvida, existem papéis que favorecem nossas capacidades, mas freqüentemente passamos por muitos sofrimentos desnecessários porque nos deixamos aprisionar por papéis que nos limitam.

Erving Goffmann, um renomado sociólogo norte-americano, considera toda a vida social como uma representação teatral, na qual desempenhamos os papéis que a sociedade espera de nós.

---

1. Plessner, Helmuth, "Soziale Rolle und menschliche Natur". In: *Gesammelte Schriften X, Schriften zur Soziologie und Sozialphilosophie*. Frankfurt, 1985, p. 230.

Segundo seu ponto de vista, todos nós nos servimos da mentira, do engano e do auto-engano, e o que realmente conta não é a verdade, mas sim uma vida social sem grandes atritos.[2] Com essa tese, Goffman nos oferece um diagnóstico para o mal-estar de nossa época. Se olharmos por trás dos bastidores, perceberemos o alto preço que temos de pagar pelo reconhecimento da sociedade — um preço que todos somos obrigados a pagar, mesmo os mais íntegros de nós. Uma enorme quantidade de brindes, cafezinhos, pílulas e outras drogas são o preço que pagamos por esse reconhecimento — eles servem em última análise para preservar nossa boa imagem. Provavelmente, em comparação com ela, a pura verdade pareceria muito trivial e sem graça.

O próprio provérbio alemão "Wer einmal lügt, dem glaubt man nicht" [Em quem mente uma vez ninguém acredita] contém a atribuição de um papel vinculada à necessidade que o meio social tem de conferir rótulos que tornam o mundo compreensível e previsível. Para quem não aceita a complexidade da realidade, é fácil rotular as pessoas como heróis, fracassados, malandros ou gênios.

Todos nós somos formados de uma série de identidades, que contradizem o modo como o pensamento estático compreende as coisas, pois o nosso eu não é uma unidade fixa. Nosso problema é apenas saber como conseguir integrar ou separar as regras e expectativas vinculadas a esses papéis, expectativas que desse modo são válidas apenas em seus contextos específicos. É esse desafio que torna nossa vida rica e variada, mas que também produz conflitos entre os diferentes aspectos de nossa personalidade. Como uma espécie de acrobatas ou equilibristas, nós somos obrigados a selecionar, equilibrar e conciliar as diferentes experiências e contextos — numa dança que tem algo de elegância, leveza, imaginação e improvisação, mas que também, quando se perde o equilíbrio pessoal, é causa de conflitos e sofrimentos.

---

2. Goffmann, Erving, *Wir alle spielen Theater. Die Selbstdarstellung im Alltag.* (1959) Munique, Zurique, 1985.

Tomemos como exemplo um típico final de dia após o trabalho: um pouco antes, a pessoa estava em seu papel de trabalhador eficiente, competente e de confiança. Em casa, o que antes era considerado uma virtude se torna um peso: a pessoa tem de se divertir, relaxar, ser liberal, usar a imaginação para brincar com as crianças que querem ouvir uma nova história. E há o cônjuge que pode estar precisando ouvir umas palavras carinhosas, e ainda um amigo que telefona porque está mergulhado numa crise pessoal. É muita coisa para se lidar a um só tempo. A pessoa vê-se então forçada a se torcer e girar como um equilibrista: a ampliar ou trivializar detalhes, a omitir algumas coisas, e até mesmo a dizer coisas que ela só diria numa outra situação. Essas solicitações simultâneas leva a pessoa a uma grande dispersão, o que traz consigo o risco de que sua identidade acabe por se desintegrar. Mas desde que a pessoa aceite que a coerência absoluta é apenas um ideal, e não perca o contato com o seu "ego-no-comando", essa multiplicidade de papéis pode se manter orientada pelo princípio do prazer. Essa multiplicidade de papéis tem como guias a magia da imaginação, o tato para apreender as situações, a presença de espírito, a tendência que todos temos à experimentação e ao jogo, os diferentes interesses de cada um, e exige nossa capacidade de improvisação. Num sentido rigoroso, interpretaríamos esse desempenho de papéis como pura mentira. Mas ele também não poderia ser interpretado como um sinal de consideração e capacidade de superar obstáculos, de acordo com a diversidade dos contextos? Pois as diferentes esferas de nossas vidas exigem linguagens, imagens e pontos de vista diversificados. Todos somos um pouco atores, e em cada papel revelamos um aspecto, uma possibilidade da nossa personalidade.

Somos obrigados a desempenhar diversos papéis, mas eles não determinam o nosso ser. Essa "duplicidade",[3] sem dúvida, traz con-

---

3. Plessner, Helmuth, *Gesammelte Schriften* X, *Schriften zur Sociologie und Socialphilosophie*, p. 235.

sigo o risco de nos perdermos e sermos absorvidos por um desses nossos papéis, mas ela também nos permite criar um equilíbrio entre os papéis que desempenhamos em público e os que devemos desempenhar em nossa vida privada.

O que o desempenho de papéis realmente nos garante é a proteção da privacidade, a possibilidade de sermos autenticamente nós mesmos, pois a identidade pessoal se constitui a partir das escolhas que fazemos: o que consideramos como desejável, o modo como usamos nosso tempo e espaço, como contrapomos nosso mundo interior ao mundo exterior, como moldamos o comportamento e o desempenho que os outros esperam de nós. Por sua vez, essas decisões dependem do modo como vemos a nós mesmos e do modo como queremos que os outros nos vejam.

"No fundo eu sou muito liberal", dizia uma mulher sentada à minha frente no trem, apertando fortemente a bolsa contra o peito, como se fosse minha culpa ela não poder mostrar sua verdadeira personalidade. Faz parte da natureza humana considerar a imagem ideal que fazemos de nós mesmos como nosso eu verdadeiro. Sobretudo, quando fracassamos, quando somos tratados injustamente ou quando somos mal interpretados, nós nos consolamos com a idéia de que, na verdade, somos totalmente diferentes do que os outros pensam de nós: "Meu verdadeiro caráter é muito diferente". Se um papel, por exemplo, o de um professor, conhecido por ser rigoroso, se torna tão predominante que a própria família em casa prefere evitá-lo, ele pode ainda assim dizer: "Mas no fundo eu sou uma boa pessoa". Essa afirmação sem dúvida tem uma parte de verdade: talvez ele esteja sentindo alguma limitação nos horizontes do seu papel como profissional. Ao falar de nosso eu autêntico e verdadeiro, de qualidades desconhecidas e ainda não descobertas, também estamos criando um pouco de esperança de uma vida ou existência melhor, na qual nos aproximamos de nossa imagem ideal. E talvez justamente essa seja a esperança de obter a verdade em nossas justificativas mentirosas.

POLIDEZ

Você renunciaria à polidez, ao respeito e à gentileza, mesmo sabendo que a maioria das fórmulas e rituais não contém nenhum ou quase nenhum traço de verdade? A quem é útil a polidez? A quem ela protege? O que se esconde sob a fina camada de adestramento do comportamento social?

Em primeiro lugar a polidez tem a função de propiciar o contato entre as pessoas e, ao mesmo tempo, garantir o distanciamento necessário; além disso, como um anteparo, ela protege as pessoas das conseqüências dos conflitos e da rejeição. Ela é, como assinalou Arno Plack, "uma macia almofada de rejeição" que constrói pontes em meio aos desacordos e atenua e dissimula as pressões ou exigências.[1] A polidez tem um certo vínculo com a limitação, pois ela não se interessa pelos sentimentos que não afloram na superfície. Isso já começa com a formação da criança, quando os pais ensinam aos filhos: "Diga obrigado ... diga bom dia, vovó ... dê a mãozinha". Assim a criança muito cedo aprende que é indiferente o que está sentindo ou pensando, e se ela gosta ou não da avó. Também para os pais basta que a criança faça o que é apropriado. Essa exigência dos pais não é de modo algum uma pura hipocrisia, pois os sentimentos se desenvolvem juntamente com as palavras e as frases. Para a criança isso só se torna difícil quando os pais esperam não apenas polidez, mas também sinceridade e amor ao próximo. O que resta para a criança, se ela não suporta a avó? Aqui percebemos como a polidez é ambivalente quando aliada a uma pressão moral. Ao ser vinculada à honestidade, ela imediatamente perde sua função de reduzir a sobrecarga nos relacionamentos.

---

1. Plack, Arno, *Ohne Lüge leben. Zur Situation des Einzelnen in der Gesellschaft*. Kulmbach, 1976, p. 39.

Mas a polidez é mais que as meras boas maneiras cegas ou um certificado de hipocrisia, como descreveu com muita propriedade Wilhelm Busch:

"Aí eu me elogio pela polidez,
A mentira refinada.
Você sabe, eu sei;
E isso deixa todos contentes."[2]

Dessa forma, todos nós sabemos, mas disfarçamos discretamente, quando estamos inventando desculpas e mentiras por polidez ou oferecendo nossos cumprimentos, amabilidades ou lisonjas. De fato, o que impede uma pessoa de dizer uma verdade impiedosa é seu respeito e atenção ao outro. E o outro não é, em última análise — eu? Afinal, nós não entendemos nem compreendemos coisa alguma sem, antes, passarmos por essa coisa e, em seguida, de um modo muito peculiar, nós deixamos de compreendê-la outra vez. Assim todos nós participamos de um segredo público ou de um jogo social que diz algo do tipo: "Não suporto quando você me joga a verdade na cara, e sei que você também não suporta isso". Ou: "Eu gostaria de ouvir algo agradável; por isso faço a você esse falso elogio". Não é por acaso que conceitos como "simpatia", "compreensão" e "compaixão" têm esse duplo significado que vai além da mera gentileza. Eles dão testemunho de uma camada do mundo que se funda no fato de que tudo nele forma um organismo sensível e unitário. Cada parte desse organismo sente o outro porque está ligado a ele. Assim, quando entramos em contato com os outros, entramos em relação com algo de que, em última análise, nós mesmos fazemos parte; por isso a polidez testemunha o respeito, não apenas aos outros, mas também a nós mesmos. É evidente

---

2. Busch, Wilhelm, "Wer möchte diesen Erdenball". In: *Ausgewählte Werke*. G. Ueding (org.). Stuttgart, 1988, p. 472.

que, com ela, estamos cuidando de nosso próprio bem-estar, prazer e alegria. Podemos tornar o bem-estar do outro uma questão importante para nós, se nos pusermos no seu lugar e sentirmos o que ele sente. Isso exige que, em primeiro lugar, tomemos um distanciamento e mantenhamos limites, respeitando a nossa diferença com relação a ele! O importante nisso é a arte de aproximar-se das pessoas sem se impor, desenvolvendo a capacidade de suportar a tensões e de demorar o tempo necessário para aproximar-se do outro pouco a pouco.

"Bem, eu digo francamente ... você sabe que meu maior defeito é justamente sempre dizer o que penso, mas eu não consigo deixar de dizer para você..." — essa afirmação de um contemporâneo exprime o contrário da polidez, pois, com a pretensão de franqueza irrestrita, ele está ignorando as sutilezas e diferenciações presentes num relacionamento e, com isso, está sempre causando profundos arranhões. Afirmações como essa tornam-se compreensíveis quando vistas no contexto das décadas de 60 e 70, quando começou a se impor na sociedade um tom menos formal e de maior cumplicidade, como forma de reação ao silêncio e hipocrisia da geração anterior, bem como à disciplina burguesa com seus livros de etiqueta e escolas de dança. Os processos de aproximação aconteciam em tempo *prestissimo*; imediatamente as pessoas trocaram o tratamento de "senhor" por "você", passaram a contar seus problemas e histórias com muito pouco tempo de conhecimento, derrubando as barreiras protetoras da inibição e da vergonha. Foi anunciado o direito à revelação de segredos e proclamado o desnudamento do corpo e da alma, que ainda persistem nos dias de hoje nos programas de auditório e nos debates políticos. Quando um apresentador revela coisas íntimas de algum personagem proeminente, ele pode ter a certeza de receber aplausos. Nós simplesmente nos esquecemos de que existe uma necessidade legítima de distanciamento, vinculada à garantia de preservação do espaço individual, e isso significa também: omitir alguma coisa, não agir, renunciar a certas coisas. Provavelmente, nos tornamos menos conscientes da vulnerabilidade de nosso mundo interior quando buscamos desnudá-lo e com isso renunciamos a ele. Precisamos em primeiro lugar reaprender a respeitar as distâncias e limites e entendê-los como condições para a formação de uma verdadeira proximidade. O conhecimento da polidez e da prática do distanciamento e da reserva são condições da verdadeira proximidade que somente poderá existir se formos capazes de preservar as diferenças.

Como em nossa época a solidariedade desinteressada com relação aos outros — que segundo Bertolt Brecht é o que torna tão difícil o desenvolvimento da amizade — é bastante rara e, provavelmente, também exige muita maturidade, sabedoria e trabalho interior, nós recorremos à mentira polida que imita ou simula a autêntica solidariedade por meio das diversas técnicas do charme, da elegância e da arte de viver. É aqui que tem início a dificuldade: como ser ao mesmo tempo polido e sincero? Afinal, quem é que gosta quando, sem ser pedido, alguém — insensível e sem imaginação para envolver a verdade num manto de respeito e simpatia — lhe assenta às costas o chicote dos fatos nus: "fracassado! idiota! barrigudo!?". Ou quem não ficaria ofendido ao ouvir a pessoa que recebeu um presente seu fazer um comentário sobre a grande distância existente entre a expectativa e a realização? Afinal, o ato de presentear não merece por si só ser acolhido com alegria, mesmo quando achamos que a pessoa errou de longe ou até mesmo só queria se livrar do objeto? Não é até mesmo um dever, na verdade uma virtude humana, enfeitar e colorir a verdade? E justamente esse manto de simpatia não conduz a uma certa verdade? Dizendo com um certo exagero: ao fingir ou enfeitar algo, aprendemos a ser verídicos. A polidez tem uma certa proximidade com o amor e, embora não seja exatamente o mesmo, imita o comportamento inspirado na atenção e no respeito. Assim como a criança que aprende imitando os pais, a polidez, "a brincadeira dos adultos", também pode se tornar um modo de desenvolver o nosso relacionamento com os outros. Em outras palavras: nosso comportamento se orienta pelo que dizemos. "Olha, você está hoje com uma aparência muito boa. Você parece mais descontraído, e eu estou descobrindo novas qualidades, o que me faz me aproximar mais de você." Assim a polidez, mesmo não sendo verdade, torna-se um dom, uma amabilidade, que faz com que as pessoas apareçam sob uma atmosfera mais agradável. O vínculo estreito entre polidez, fingimento e mentira traz o nobre princípio da verdade para a esfera do lúdico. Basicamente, é uma espécie de exercício mental e espiritual para no relacionamento recíproco, da aparência se chegar à verdade. E, de resto: quem é polido poupa energia.

PROVÉRBIOS

"Em quem mente uma vez ninguém acredita, mesmo quando diz a verdade." Se esse provérbio fosse verdade, quem poderia acreditar em si mesmo ou em alguém? Na verdade, não existe ninguém que nunca tenha mentido ou que de vez em quando não minta. Muitos mentem com freqüência ou rotineiramente e muitos o fazem com tanta habilidade acrobática, que as pessoas quase ficam tontas com tal "virtuosismo da mentira". Nosso provérbio refere-se ao aspecto relacional ou interpessoal da mentira. Naturalmente ninguém gosta de ser enganado. A confiança, em última análise, é concluída sobre a verdade: mesmo que ela às vezes seja incômoda, pelo menos sabemos em que pé estamos. Em contrapartida, a mentira tem algo de "pantanoso", de escorregadio: quando se mergulha nela, pode-se perder o controle da situação, caso ela tome um vulto excessivo. Mas, podemos perguntar, quem geralmente é prejudicado pela mentira? Não é o próprio mentiroso que degrada a si mesmo? Ou, para dizer de modo mais claro: em cada mentira estamos enganando a nós mesmos. Ela pode ser muito mais perniciosa para a própria pessoa que a diz do que para os que a ouvem, porque atinge sua autoestima e porque prejudica o eu unitário e íntegro de que todos nós temos necessidade. Por isso, para mentir de modo mais convincente precisamos acreditar em nossas próprias mentiras. Essa crença evita que a mentira seja insuportável para a própria pessoa que mente, pois ela a protege do desprezo de si mesma.

Quando a pessoa mente, ocorre nela uma espécie de divisão. Pois a mentira pressupõe sempre uma verdade, que a pessoa admite e da qual ela se desvia para fazer os outros acreditarem numa outra versão sua. É como se a pessoa fosse dividida em dois partidos que se negam reciprocamente, e ela mesma se colocasse diante deles como um terceiro. Dessa forma, poderíamos dizer que o mentiroso sagaz domina uma habilidade e uma mobilidade especiais, uma criatividade humana, que não se importa com a ordem das coisas e os fatos. Aqui entra em cena o dom da presença de espírito, necessária para não se errar o alvo e não incorrer em contradições. O provérbio que diz: "Quem mente uma vez deve acomodar-se à mentira sete vezes — pois vai precisar de sete mentiras para dissimular uma" — está indicando a tendência, própria a toda mentira, a se degenerar numa teia de mentiras, pois as pequenas mentiras precisam ser complementadas por uma sucessão de novas mentiras. Para ser protegida, uma mentira precisa de outras mentiras. Esse fenômeno é bem conhecido na área da criminologia. Se um suspeito inventa um álibi, ele terá de inventar outras histórias que dêem suporte ao álibi. Assim o mentiroso precisa ter mais flexibilidade, presença de espírito, criatividade e capacidade intelectual do que a chamada pessoa honesta. Desse modo, o provérbio "A honestidade dura mais" também pode ser interpretado como indicando que a engenhosidade de que a mentira precisa só pode ser mantida em caráter excepcional, e não de modo permanente. A mentira simplesmente resulta num desgaste excessivo, pois mantê-la é como nadar contra a corrente.

Existem também muitos exemplos mostrando que as mentiras são como bumerangues que se voltam contra o mentiroso e o fazem enganar a si mesmo, a tal ponto que ele, por fim, não sabe mais o que é mera invenção e o que é verdade. Aqui começa um terrível embaralhamento de todos os critérios, como se estivéssemos afundando e perdendo o pé em areia movediça — esse é o destino trágico dos que se tornaram mentirosos crônicos.

Desse modo, o mentiroso mais perigoso seria aquele que também é inteligente, pois para mentir é preciso um certo grau de inteligência. A mentira combinada com a estupidez não costuma ter êxito por muito tempo, pois lhe faltam os meios intelectuais para manter, por um longo período e com coerência, essa situação excepcional.[1]

Na medida em que é preciso inteligência e criatividade para a mentira ter êxito, ela também pode servir como uma "realidade-teste", e com isso dar início a uma nova realidade. Basta lembrar as crianças que sentem que não estão sendo ouvidas com atenção. Elas começam a inventar histórias cada vez mais engraçadas até que os pais acabem por perceber qual o problema. Logo elas recebem a atenção que lhes falta e elas podem voltar, seguras, para o terreno da verdade. As mentiras também podem ser uma expressão de nossas mentes. Elas muitas vezes exprimem a realidade mental das pessoas muito mais diretamente que muitas verdades. Da mesma forma que os sonhos, elas podem exprimir nossos desejos e servir para atrair a atenção e conseguir afeto. Naturalmente é mais simples, mas também menos atraente, dizer: "Por favor, dê-me um pouco de atenção!". Mas não será muito mais criativo, em vez disso, inventar

---

1. O sociólogo Georg Simmel menciona a esse respeito o processo contra feiticeiras de 1487, o qual salienta que os demônios teriam uma notável esperteza e que o "pobre diabo" é na verdade uma figura humorística originada na autocontradição nele presente: "A ação diabólica precisa de tanta esperteza que, por falta dessa esperteza, acaba neutralizando a si própria". Extraído de: Simmel, Georg, "Zur Psychologie und Soziologie der Lüge". In: *Aufsätze und Abhandlungen*, vol. 5, 1894 até 1900. Dahme, H.J. e Frisby, D. P. (orgs.). Frankfurt, 1992, p. 416.

uma pequena história — mesmo que ela não possa resistir às exigências rigorosas dos moralistas?

É verdade que existem pessoas, por assim dizer, "angelicais", que chamam a nossa atenção pela sua incapacidade de mentir. Para elas não existe outra possibilidade a não ser a verdade. Quando se encontram em uma situação conflitante, elas se mostram profundamente inseguras e bloqueadas, porque não conseguem suportar a tensão entre a afirmação falsa e o que elas sabem ser a verdade. Nessas situações, elas se vêem invadidas por dúvidas e escrúpulos, porque, ao mínimo desvio da verdade, sua consciência reage como se fosse um radar extremamente sensível. Elas não têm nem o sangue-frio nem a habilidade para escapar de situações sociais desagradáveis. A arte do disfarce e da dissimulação não faz parte de seu repertório de comportamentos. Elas muitas vezes parecem rudes e sem tato e podem, com suas verdades nuas, até mesmo ferir as pessoas, pois pouco dominam a arte do tato e da consideração pelos outros. Como elas se mostram muito francas e sem qualquer fascínio ou mistério, elas não atraem muito as pessoas. Por mais que sua sinceridade seja autêntica, deliberada e desejada, elas não estão protegidas do risco de se mostrar ridículas. São consideradas como estraga-prazeres, e, em vez de receber o respeito dos outros, tendem a ser vítimas de sua ironia, pois não possuem a necessária discrição e habilidade para lidar com a convivência em sociedade.

RITUAIS

"Esse vestido fica fantástico em você!", ele diz, mas pensa: "Ela está parecendo é um espantalho". A rigor, deveríamos dizer que ele mentiu. Mas talvez ele tenha simplesmente pressentido que sua parceira queria ouvir algo agradável e fez a vontade dela. Talvez ela também saiba que não é isso que ele acha, mas está satisfeita por receber sua atenção e elogio. O comportamento dele não é nem verdadeiro nem objetivo, e sim um ato de polidez. A fórmula ritual mostra como ele percebe a vulnerabilidade dela, sua necessidade de ser adulada, elogiada e admirada. A arte de dizer palavras de simpatia pode ser um caminho para a aproximação e para o erotismo; por outro lado, ela também pode ser uma proteção contra a proximidade excessiva. Ela regula o distanciamento das pessoas entre si. Nossas expressões de saudação são um exemplo disso; elas estabelecem o tipo de relacionamento e determinam o distanciamento que se deseja manter. "Oi!", "Que bom ver você!" — podem não ser exclamações muito sinceras, mas a elas também não está vinculada nenhuma intenção definida, mas apenas um gesto simpático que não precisa atender às exigências rigorosas da verdade, à medida que sua finalidade é dar ao outro a sensação de ser bem recebido. Jonathan Swift expressa isso muito bem: "Quando alguém me mantém a distância, o que me consola é que é ele próprio que se mantém".[1]

Assim, a questão da mentira não tem sentido no caso do comportamento ritual, pois nós pressupomos que expressões do tipo "Como vai?" ou "Passe bem" não têm nenhuma intenção, boa ou má, e são apenas gestos de atenção ou de respeito — ou simplesmente sinais que dão uma certa organização às nossas vidas. Mesmo quando insinceras, elas em geral não são propriamente afirmações e não exprimem convicções, mas apenas atendem a certas condições sociais e até mesmo impedem ou, pelo menos, tornam mais difícil que as pessoas as usem com algum fim determinado. Desse modo, podemos dizer que os rituais seguem regras diferentes das que

---

1. Extraído de: Mailat, Maria, "Die Hirschkälber am Ende der Karpaten". In: Stäblein, Ruthard, Höflichkeit. *Tugend oder schöner Schein*. Paris, 1991, p. 204 (trad. para o alemão: 1993).

usamos em outros níveis da comunicação. Sua linguagem é uma linguagem coletiva que, com sua regularidade, ordem e estrutura fixas, tanto permite que as pessoas busquem abrigo em sua estrutura quanto impede que por meio dela elas se exponham. Isso é o que mostram as próprias expressões em uso. Pois, quanto mais as usamos e repetimos, tanto menos podemos querer significar algo com elas, já que com isso elas vão perdendo a capacidade de dizer algo definido.

TELEVISÃO

Já que existe a televisão, ela muitas vezes serve como o bode expiatório ideal para a crítica aos meios de comunicação e a muitos dos excessos de nossa época. Alinhar-nos a esse tipo de crítica provavelmente não traria grandes novidades para a análise do nosso tema. Além disso, trata-se aqui da mentira da televisão. Segundo Peter Stiegnitz, a televisão é a forma de mentira mais presente em nosso tempo de lazer, porque nós não fazemos uso ativo de nosso tempo de lazer. Stiegnitz menciona uma pesquisa científica segundo a qual, à pergunta sobre como preferiam empregar seu tempo de lazer, quarenta por cento dos entrevistados declararam ser o esporte, quando ele acredita que a resposta na verdade deveria ser "vendo televisão".[1] De fato, não existe maior ladrão que a televisão, quando pensamos em quanto tempo e atenção ela rouba de nós. Ela nos toma trabalho mental e físico, pois não precisamos fazer outra coisa enquanto assistimos à tele-

---

1. Stiegnitz, Peter, *Alle Menschen lügen ... wer das Gegenteil behauptet, lügt*. Viena, 1994, p. 85.

visão. Nós chegamos mesmo a tomar conhecimento de tudo pela tela da televisão. Para que nos interessar pelos vizinhos, pelas florestas que nos cercam, pela vendedora na loja próxima, se recebemos tudo isso de graça em casa, com o simples apertar de um botão? Aqui começa a mentira, pois somente podemos criticar a televisão fazendo primeiro a crítica de nós mesmos, reconhecendo que permitimos que os outros vivam por nós nossas experiências e que não passamos de imitadores que sabem exatamente como se faz isso ou aquilo. Já vimos na tela da televisão todas as situações com tanta freqüência que em nossa mente quase não reconhecemos mais a realidade, e temos menos coragem ainda de imprimir às nossas vidas sua marca própria. Para tudo temos modelos, representantes, heróis-substitutos, de modo que não vamos muito longe com a nossa originalidade ou com o nosso caráter. Por outro lado, modelos e figuras ideais têm algo de imaginário; eles não se confrontam com o espectador, não os encontramos frente a frente, não os vemos realmente, não os conhecemos, embora quase nunca os percamos de vista na tela. Eles estão perto de todos e de ninguém, e é isso que faz com que sejam eficientes na produção da ilusão de que participamos de algo e de que estamos realmente em diálogo com os outros. Por que buscar o homem dos meus sonhos, se posso ficar admirando-o diariamente na minha "família televisiva"?

Talvez as pessoas estejam dispostas a aceitar que a televisão consuma tempo de suas vidas, mas ela oferece uma outra coisa que em geral é subestimada e tem muito mais força que uma eventual consciência pesada em virtude do tempo perdido: a televisão nos traz informação, diversão e uma mistura de ambas: *infotainment*. É a droga calmante ideal de nossa época que está sempre disponível, oferecendo uma alternativa agradável ao tédio. Heiko Ernst diz isso com muita propriedade: "A televisão funciona como termostato emocional, como um aquecimento central para o humor das pessoas — ela nivela os altos e baixos de nosso cotidiano. Ela descontrai quem está sob *stress*, consola quem está desolado, tranqüiliza os hiperativos e faz companhia aos solitários".[2] Um tranqüilizante que não precisa de prescrição médica ou um marcapasso que faz nosso ritmo diminuir, permite pequenas fugas do cotidiano, oferece uma compensação para o desgaste com as atividades cotidianas e funciona como acompanhamento para outras atividades, muitas vezes não apenas para atividades como passar a ferro ou ler, mas sobretudo para a de comer. Três quartos dos entrevistados entre 30 e 49 anos, segundo os dados de um estudo do Instituto BAT de Hamburgo, especializado em pesquisas sobre o lazer e o emprego do tempo pelas pessoas, declararam que usavam a televisão como acompanhamento ao jantar. Naturalmente essa droga é, como toda droga, um substitutivo. Karl Marx poderia usar aqui sua consagrada expressão "ópio do povo". Mas o que aconteceria se as pessoas não tivessem mais acesso a essa mentira vital? Não se estaria com isso tirando-lhes as pequenas alegrias? O que aconteceria com todos os solitários? Quem lhes faria companhia, se a televisão não assumisse essa tarefa? Um silenciamento abrupto desse instrumento não teria apenas influências negativas sobre a saúde das pessoas, ele poderia até mesmo levar a perigosas psicoses de massas. Sob esse aspecto as mentiras da televisão aparecem como um mal menor.

Em que consiste realmente a mentira da televisão? As imagens da televisão são mentiras porque prometem algo que não podem cumprir. Uma vida encenada não é uma vida vivida. No entanto, ela se faz passar por tal. As imagens representam emoções e sentimentos e com isso roubam as nossas próprias emoções e sentimentos. Além disso, as imagens duram mais que as palavras. As imagens da televisão são mentiras porque se colocam no lugar da vida como "nutrição" de fácil acesso. Nós nos tornamos espectadores da vida e enganamos a nós próprios quanto à diferença entre representar e enfrentar ativamente os desafios do mundo. A imposição de um

---

2. Ernst, Heiko, Editorial. In: *Psychologie Heute*. Ano 21, Caderno 4/1994, p. 3.

amontoado de mundos em imagens que passam pela nossa cabeça, como consolo para os muros que nos impõem limites e entre os quais temos de viver, intensifica nossos desejos e expectativas, estimula nossos anseios e aumenta nossa incapacidade em participar efetivamente da vida.

Não apenas a capacidade de agir, também nossa capacidade de pensar fica prejudicada, pois temos conhecimento de tudo em velocidade acelerada e voltamos a esquecer com igual rapidez. O consumo de imagens faz com que a linguagem se atrofie. Como somos seres de linguagem e, dessa forma, dependemos do intercâmbio de sentimentos, sensações e percepções, com essa redução desaparece um elemento essencial que serve como base para o senso de comunidade e solidariedade. O que resta é uma concordância sobre o que se consumiu. Mas essa é uma forma de solidariedade bastante rudimentar e artificial. Como Enzensberger exprimiu com tanto humor: quando se observa isso do ponto de vista das estrelas, a pessoa se torna tão estúpida quanto o meio no qual ela está ou pelo qual se exprime.

Panem et circenses, pão e circo para o povo, diz o provérbio romano, para que a multidão fique quieta! Quem se entrega às novelas com o pacote de salgadinhos na mão fica impedido de fazer suas próprias experiências do mundo. Será que essa servidão voluntária é realmente o nosso destino? Como achar um modo de sentir a alegria de descobrir as próprias verdades? A fuga da pessoa para uma experiência ilusória pelo menos indica também que em algum canto de sua mente resta a suspeita de que existem outras experiências possíveis. Ainda que isso signifique apenas que nós não deixamos que uma máquina de diversões dobre ou deforme completamente nossa natureza mais íntima. Talvez chegue o dia em que o próprio meio de comunicação acabe por propagar um grande tédio por ele mesmo, pois quem mais além do próprio meio pode acabar com isso?

VERDADE

Parece que nada funciona sem a mentira. Mas por que motivo todos os sistemas morais e filosóficos, assim como o oitavo mandamento, insistem em que devemos dizer a verdade e evitar a mentira? E todos nós também esperamos a verdade dos outros ao falar e ao agir, embora saibamos como é freqüente que nós mesmos — até mesmo involuntariamente — nos choquemos contra o mandamento da verdade. "Cada um vê o cisco no próprio olho", adverte a Bíblia. Mas como é difícil ficar do lado da verdade, quando ela nos envergonha, é desagradável ou hostil a nós!

Será então que o mandamento da verdade deve ser respeitado somente na mera aparência? De forma alguma, pois não podemos negar que o modo como nos relacionamos com a verdade, e as justificativas que damos por considerar a verdade como preferível à mentira, são essenciais — para nossa vida, para a convivência entre as pessoas e para a sociedade no seu conjunto. Em especial nos dias de hoje, quando tantas coisas ameaçam se desintegrar, quando não apenas nossos planos para a vida mas também nossa situação material não parecem mais estar garantidos, existe um grande anseio por preservar nossos modos de pensar e de ver o mundo. Poderíamos mesmo dizer que a necessidade de verdade, que poderia esclarecer e dar sentido a tudo, nunca foi tão grande quanto hoje. Mas é igualmente obscura a oferta que os detentores de poder, os formadores de opinião, os representantes de interesses e os políticos difundem na forma de opiniões enfáticas e promessas vagas.

"A verdade vos libertará" — diz o Evangelho de São João, 8, 32. De onde vem a idéia de que a verdade poderia nos libertar? E o que afinal significa "dizer a verdade"? Por que o pensamento humano se ocupa tanto com a idéia da verdade? Verdade e não-verdade formam uma contraposição tão fundamental que não conseguimos imaginar uma pessoa normal que não consiga distinguir entre ambas. No entanto, é difícil estabelecer uma definição da verdade, porque ela não é algo palpável, sobre o que se possa dizer algo verdadeiro ou falso, e também porque ela sempre está vinculada a uma pessoa que defende um ponto de vista. Assim, muitas vezes é com dificuldade que conseguimos distinguir entre a verdade e a mentira. O que para uma pessoa é uma "mentira rematada", para outra aparece como a "pura verdade". Esses conceitos, que parecem ter validade tão incontestável, possuem um certo fascínio, talvez justamente porque nós nunca podemos estar seguros do que eles realmente são nem do que significam. Provavelmente, nós não nos cansamos de procurar a verdade, porque ela é um ideal, uma aspiração humana, da qual podemos apenas nos aproximar e da qual nunca poderemos nos apropriar totalmente — mas da qual também jamais podemos nos desvencilhar. O que a verdade realmente é, é algo que, em última análise, escapa a toda tentativa de compreensão.

Isso significa, então, que a verdade não existe, ou melhor, existe apenas na nossa imaginação? As duas afirmações são corretas, pois a verdade é sempre aquilo que consideramos como verdade, e ela sempre assume um rosto diferente, de acordo com o ponto de vista a partir do qual nós nos aproximamos dela. A verdade somente parece uma questão simples com referência a conteúdos triviais e concebidos de modo muito limitado, como: "de que cor é a bolsa?", "onde está o carro?", "quando você volta para casa?". Mas basta nos referirmos a contextos ou a acontecimentos mais complexos, e fica muito difícil distinguir entre a falsa certeza e a mentira propriamente dita. Já os simples relatos sobre um fato — todos os testemunhos sobre acidentes revelam isso — são, apesar do empenho sincero em se dizer a verdade, se não propriamente falseamentos, pelo menos descrições precárias do acontecido. Em qualquer relato que façamos, nós não descrevemos o acontecimento tal como se deu; ao contrário, tendemos a revelar o modo como o avaliamos, isto é, tendemos a revelar a nós mesmos ou a situação em que nos encontrávamos quando ele se deu. Em última análise, não existe propriamente uma verdade objetiva, mas sim apenas verdades "projetivas". O que encontramos depende sempre daquilo que estamos procurando. E o que procuramos depende de quem e como nós somos e daquilo que acreditamos saber. Nós não procuramos as coisas da forma como elas são, mas sim da forma como nós somos. Em resumo: é muito mais fácil dizer o que a verdade "não é" do que o que ela "é".

No entanto, alguma coisa na nossa natureza humana faz com que não consigamos abandonar essa nossa procura da verdade. Será que isso está vinculado ao fato de que o conhecimento de nós mesmos nos escapa e de que, em meio à ordem cósmica, nós não nos sentimos mais como uma parte do dinâmico sistema da vida? A segurança na natureza, a alegria de absorver-se na ordem cósmica, precisa então ser compensada pela "posse" de bens; mas, como observadores da natureza, nós nos sentimos, como diz o filósofo Emmanuel Lévinas, "estranhos nesta terra", numa existência no deserto, ou numa estada transitória que desemboca num futuro ainda mais incerto — o além, a morte.[1] Assim, buscamos o conhecimento sobre nós mesmos em algo que seja maior que nós e que nos dê certezas e perspectivas de segurança. A libertação do conflito interior em que nos encontramos — e que a verdade parece nos prometer — é a libertação da prisão de nossas deficiências e da transitoriedade de todas as coisas. Aqui a verdade nos oferece um meio de lidar com a nossa própria insegurança e transitoriedade. Por esse motivo, hoje em dia tem êxito tudo o que oferece verdades e é dito de modo convincente. Sobretudo as novas religiões, as seitas totalitaristas e os misticismos exóticos, que fingem uma reconciliação e impedem que as pessoas pensem por si próprias. Por outro lado, em nosso árduo cotidiano, nós procuramos outras verdades. Aí tem sucesso tudo que promete compensações: o conformismo, a submis-

---

1. Lévinas, Emmanuel, *Die Zeit und der Andere*. (1979) Hamburgo, 1989.

são, o oportunismo e as habilidades capazes de chamar a atenção. E muitos procuram respostas na psicanálise, na lógica da matemática, na física ou no direito. Todos esses modos de nos aproximar da verdade têm seu valor. Mas eles revelam apenas uma determinada faceta da verdade, pois há uma grande diferença entre falar da verdade como um princípio abstrato e falar da verdade relativa a um desafio concreto para o homem.

Sobre isso Dietrich Bonhoeffer nos oferece um exemplo notável. Ele descreve uma criança que protege a si e à sua família das perguntas indiscretas de um professor dizendo uma mentira. Ela apenas procura defender a dignidade de sua família. Embora diga uma mentira, ela está agindo de modo correto: "O professor pergunta a uma criança se é verdade que seu pai costuma chegar bêbado em casa. É verdade, mas a criança nega. A pergunta do professor a coloca numa situação para a qual ela ainda não está amadurecida. Ela sente apenas que se trata de uma invasão injustificada na esfera privada da família, e que deve evitar isso... O professor ignorou a realidade dessa esfera. A criança teria de encontrar em sua resposta um modo de preservar tanto a esfera da família quanto a da escola. Mas ela não tem como: falta-lhe tanto a experiência quanto o conhecimento e a capacidade de se expressar de modo adequado. Ao responder negativamente à pergunta do professor, a resposta é sem dúvida falsa, mas ela também expressa uma outra verdade: a de que a família é uma esfera *sui generis*, em que o professor não tem o direito de penetrar. Sem dúvida, podemos dizer que a resposta da criança foi uma mentira; mas essa mentira contém mais verdade [...], que se ela tivesse denunciado a fraqueza do pai diante da classe. A criança agiu corretamente, de acordo com sua compreensão das questões em jogo. A culpa pela mentira recai exclusivamente sobre o professor".[2]

---

2. Bonhoeffer, Dietrich, *Ethik*. Munique, 1949, pp. 286 s.

A mentira é, nesse caso, a forma que a criança encontra para se proteger do professor. Pode-se sempre discutir se um caso concreto de mentira é, de fato, uma mentira. Incontáveis histórias e fábulas em que os fracos e oprimidos se protegem dos poderosos confirmam que é a posição social que determina quem pode fazer perguntas a quem, e que perguntas podem ser feitas. Quer sejam pais e filhos, superiores e subordinados, médicos e pacientes, uma coisa é certa: nem todos têm o mesmo direito de exigir respostas verdadeiras.

Todos podemos nos ver envolvidos em situações em que não nos resta outra coisa a fazer a não ser dizer uma mentira em nome de uma verdade maior, que pode ser a solidariedade, a consideração pelos outros, a tolerância ou o amor, pois — do ponto de vista de nossa convivência com os outros — mais importante que explicações racionais e princípios universais é levar em conta o contexto real de cada situação. A verdade somente é real como experiência da verdade. A verdade somente pode ser compreendida na prática da verdade, mergulhada num intercâmbio entre *eu* e *você*, para negociar o que deve ser considerado como válido. A verdade é uma palavra vinculada à ação. E palavras desse tipo estão sempre sujeitas a mudanças.

Lenin postulava: "A verdade é concreta." E Dietrich Bonhoeffer explica: "Dizer a verdade significa algo diferente, de acordo com o lugar onde nos encontramos. As circunstâncias concretas devem ser levadas em consideração. É preciso perguntar se e em que condições uma pessoa tem o direito de exigir dos outros respostas verdadeiras".[3] Assim é absurdo tornar a questão da verdade uma mera questão de princípios, como se devêssemos dizer a verdade sempre e a qualquer custo. Em outras palavras: a verdade deve ser apresentada aos outros de uma forma tal que eles tenham condição de acolhê-la e lidar com ela. De que adianta a verdade pura se, devido ao medo, o outro não

---

3. Bonhoeffer, Dietrich, *Ethik*, Munique, 1949, p. 286.

tem condição de suportá-la? E inversamente: o que eu espero de mim mesmo? Quais são as coisas com que posso lidar? O que me faz recuar por egoísmo e covardia? Quando devo evitar conflitos?

A verdade é mais do que os exemplos que podemos dar dela ou as comparações que possamos fazer; ela é sem dúvida mais que qualquer imperativo moral. Até mesmo esse "mais" não pode ser completamente incluído na essência dela. O caminho para a verdade somente pode conduzir até a ação, pois a verdade que está trancada no coração ou num livro permanece estéril. E verdade como ação significa: ela deve ser devolvida à vida, e isso somente pode ser feito se revelarmos uns aos outros o nosso grão de verdade e aprendermos com os grãos de verdade dos outros. A busca da verdade significa então que nós devemos admitir nossas dúvidas e hesitações, nossa ignorância e insuficiência, nossas mentiras e decepções e aceitar o fato de que nem conhecemos a verdade nem podemos reivindicá-la somente para nós. Uma tal atitude também nos protege de pretensões totalitaristas — não apenas com relação aos outros, mas também com relação ao nosso eu interior.

Quando captamos a verdade, quando ela nos toca e abala até o nosso âmago, todas as palavras tornam-se insuficientes, e permanece um sentimento de impotência da linguagem diante da necessidade de pôr em palavras essa experiência. As apresentações artísticas se nutrem da dádiva de uma verdade sem a mediação da linguagem, sempre que o artista consegue mergulhar no fluxo inconsciente da unidade e se colocar em total harmonia com o que está fazendo. Passemos a palavra a dois músicos. O maestro Wilhelm Furtwängler: "Somente quando o que é dito está em uníssono com a própria compreensão é que se chega ao som correto; somente se o canto e a representação estão em uníssono com os próprios sentimentos é que se atinge o modo de compreensão dos outros".[4] E o musicista Peter

---

4. Extraído de: Norretranders, Tor, *Spüre die Welt. Die Wissenschaft des Bewusstseins*. Hamburgo, 1994, p. 378.

Bastian: "Não é preciso ser músico para saber do que estou falando. Eu sinto que esse estado surge espontaneamente em minha experiência cotidiana. Ao lavar a louça! De repente tudo se torna como uma dança: os pratos deixam de retinir, a escova desenha infinitos arabescos sobre a porcelana, como sinais secretos que eu entendo imediatamente".[5]

Não apenas a arte, também o cotidiano oferece-nos exemplos da pura energia e completa unidade com o que estamos fazendo: são momentos em que experimentamos uma sensação semelhante à do contato com a verdade. Por exemplo, nas atividades talvez já preparadas e exercitadas; em situações nas quais nós nos envolvemos completamente; em que ousamos, despreocupados e sem reservas, dar total atenção à outra pessoa; ou quando conversamos com pessoas com quem temos um relacionamento mais íntimo; quando estamos na cama, ou trabalhando com a música ou na cozinha — sempre que nós damos tudo o que temos para dar. Nesses momentos, a verdade se equipara ao amor, à harmonia, à beleza — ao sentimento de confiança na vida, que então pode fluir livremente.

Uma outra razão por que não é possível o estabelecimento de um significado universalmente aceito de verdade é a subjetividade de nossa compreensão sobre ela. Quem busca a verdade deve encontrar *seu* caminho, *suas* respostas, *seu* equilíbrio, pois está partindo, em última análise, de convicções éticas de como queremos e devemos conviver e lidar uns com os outros e de como podemos dar um sentido à multiplicidade complexa de comportamentos humanos. Não é sem razão que falamos em verdade implacável, que num relacionamento de pessoa a pessoa com os fatos termina por se revelar desumana. Bonhoeffer denominava a verdade que destrói a confiança e a convivência humana de "verdade demoníaca", pois ela fere e mostra um desprezo impiedoso pelos outros. Nessa ver-

---

5. Extraído de: Norretranders, Tor, *Spüre die Welt. Die Wissenschaft des Bewusstseins*, p. 382.

dade há, sem dúvida, um desejo de ser completamente verdadeiro e de dizer toda a verdade, mas ela distorce nosso modo de ver as coisas e pode destruir a solidariedade entre as pessoas. Basta pensar na experiência mais difícil na vida — a verdade diante da dor e da morte. Por fim, existem ainda, além da verdade, outros valores que às vezes devem ter prioridade sobre ela.[6] É verdade que freqüentemente mentimos por medo ou por falta de firmeza para defender nossas convicções, mas quantas vezes também dizemos "verdades" por falta de delicadeza, de imaginação, de tato ou de afeto? Assim, é fácil compreender a afirmação que ouvi de uma garota: "Há gente que mente sem parar e todos a consideram fascinante e até melhor que as pessoas que sempre dizem a verdade".

VÍTIMAS

Nós em geral não ligamos muito quando caímos vítimas de fofocas, exageros, mentiras por polidez, ou outras mentiras inofensivas. Nesses casos não levamos as mentiras muito a sério nem damos muita importância a elas. A linguagem do dia-a-dia se aliou a esse modo de encarar a mentira, diminuindo as diferenças entre a verdade e a mentira. Falamos de mentiras "para entreter", ou que são "contadas" ou "impingidas a alguém" na suposição de que não somos tomados tão ao pé da letra. Podemos lidar sem grandes problemas com a falta de sinceridade dos outros quando eles não estão perto de nós. Mas quando somos enganados por pessoas com as

---

6. Cf. Nyberg, David, *Lob der Halbwahrheit. Warum wir so manches verschweigen*. Chicago, Londres, 1993. Trad. para o alemão: Hamburgo, 1994, pp. 79 s.

quais temos um relacionamento mais próximo ou por pessoas de quem dependemos, a situação se torna dolorosa e muitas vezes insuportável, pois o fato de sermos enganados por uma pessoa amiga, fere profundamente o nosso orgulho. Nós nos sentimos perplexos, perdidos, traídos e magoados. A mentira faz com que nos decepcionemos com a imagem que fazemos de nós mesmos — e dessa forma, de modo indireto, também com nós mesmos. Esperávamos confiança e encontramos apenas o nosso próprio rosto enganado, humilhado, magoado ou ridicularizado. Uma promessa tácita foi quebrada, e não apenas nosso relacionamento, mas também nossa dignidade e nossa humanidade foram atingidas, porque com a nossa confiança, de certa forma, nós também nos entregamos aos outros, e talvez também porque tenhamos a sensação de que nós mesmos demos ao mentiroso a oportunidade de nos enganar. A conseqüência inevitável disso é buscarmos manter o olhar distante e evitar o contato com o olhar. Por fim, olhamos para nós mesmos e nos sentimos diminuídos e desamparados, porque a raiva, que em geral serve para defender nossa auto-estima, permanece impotente. Muitas vezes também sentimos vergonha, o que nos leva a não falar com os outros sobre tais experiências, pois temos medo de ser recebidos com a piedade ou o desprezo deles. Por esse motivo, as mulheres em geral não falam sobre essas experiências, pois não querem ser vistas fazendo o papel de vítimas humilhadas.

A mentira atinge não apenas nossos relacionamentos, mas também nossa auto-estima, pois é pior que a crítica maldosa, que pelo menos se preocupa em explicar a razão de sua censura. A mentira atua sobre nossas vidas como algo negativo, pois ela nos torna desmerecedores da verdade e, dessa forma, também desmerecedores de respeito. Ela produz humilhação, mesmo quando sabemos que não somos culpados de nada. Justamente por ser resultado de uma ação deliberada, ela afeta profundamente nosso amor-próprio. Ela nos atinge não apenas na hora: ao contrário, ela tem conseqüências posteriores, como tornar-nos inseguros e colocar em dúvida nossa confiança em geral. A ambivalência entre confiança e desconfiança que atravessa nossa vida passa a ser uma certeza. Mais como pressentimento que como realidade, a mentira se torna o fantasma que não conseguimos exorcizar e que a qualquer momento pode se apoderar de nós. A vida parece irremediavelmente ambivalente e incoerente, pois temos medo tanto da confiança quanto da desconfiança. Por esse motivo, as pessoas nos parecem ao mesmo tempo suspeitas e dignas de confiança. Mas confiar ou não confiar não é uma opção que possamos fazer totalmente sozinhos: precisamos uns dos outros, porque nós todos nos ocupamos com essa mesma questão e nos sentimos vulneráveis diante dela. Essa tensão a que todos estamos sujeitos abriga em si um risco e uma oportunidade. Em decorrência dela, nós ou buscamos um refúgio que nos dê segurança, e nos "armamos" num permanente estado de alerta ou, ao contrário, nos livramos completamente de nosso medo, ao enfrentá-lo sem fugir, para romper o círculo vicioso da mentira.

CONCLUSÃO: VIVER NO BEM

Em suas obras de antropologia ecológica, o biólogo norte-americano Gregory Bateson defende a tese de que para tudo existe uma grandeza ideal, isto é, uma medida além da qual as coisas se tornam nocivas. Isso vale para o vinho, o chocolate, os esportes, o sono, o oxigênio e o amor — e também para a mentira.

Não existe uma única resposta para a pergunta sobre se devemos ou não mentir, nem uma receita patenteada ou opiniões conclusivas nas quais pudéssemos nos apoiar. Muito mais apropriada parece-me ser a atitude de procurar avaliar cada situação concreta, com perguntas do tipo: quais são, em cada uma das alternativas, as vantagens e as desvantagens? O que dou e o que recebo quando minto ou digo a verdade? A que expectativas posso corresponder, e a que preço? Quando levada longe demais, a mentira pode conduzir ao caos e a catástrofes, mas isso não impede que ela possa ser uma forma de solidariedade com relação ao próximo e ao mundo. Para atingir um equilíbrio ideal, é preciso fazer perguntas do tipo: como, sobre o que, por que e por quanto tempo nós mentimos para nós mesmos e para os outros? Uma tal perspectiva não se deixa limitar por uma definição, pois ela tem um certo vínculo com algo para o que não encontro outra formulação mais adequada que a simples expressão "viver no bem".

O que significa "viver no bem"? Um velho provérbio sumério responderia, numa versão moderna: "Aja — faça feliz o seu deus". Isso significa: fazer o necessário, em sintonia com as condições do momento. Também considero apropriada a regra: fazer algo bom é mais importante que ser fiel a princípios. À luz desse modo de agir, rompe-se o encanto das repetições. As coisas más de ontem deixam de ser o que nos compele à ação. Cada novo dia dá início a uma nova história. E o sentimento que surge daí pode ser descrito como satisfação e seriedade descontraída.

Entre as perguntas: "O que é agir corretamente?" e "Como posso lidar com meu próximo de modo humano?" existe uma distinção fundamental. Quando nosso comportamento se deixa orientar por uma preocupação com o outro, é possível pensar em muitas alternativas para cada situação. Uma delas seria dizer a verdade nua e crua: nesse caso, a verdade se parece com uma mulher despida — tão rara quanto fascinante e desejável, mas sempre uma utopia e uma exceção. Mas existem outros valores que também podem nos orientar, por exemplo, a bondade, a solicitude, o afeto, a solidariedade, a ternura ou a consideração — e eles atuam em nosso cotidiano muitas vezes de modo mais humano que os princípios abstratos. Existem momentos especiais nos quais, para lidar com o medo ou a compaixão, as mentiras se mostram necessárias. Esses momentos constituem os limites do que pode ser dito. Graham Greene deu a esse fato uma confortadora resposta, que sugere que nós poderíamos ser até mesmo gratos pela riqueza que nos oferece essa linha demarcatória entre a mentira e a verdade: "A verdade ... é um símbolo que os matemáticos e os filósofos perseguem. Nos relacionamentos entre os seres humanos, a bondade e as mentiras valem cem vezes a verdade".[1]

---

1. Greene, Graham, *Das Herz aller Dinge*. (1948). Trad. para o alemão: Puchheim, W. Frankfurt, 1972, p. 526.

Quando mantemos nossa atitude de responsabilidade por nossa ação e pelo outro, surgem muitas possibilidades para uma vida "sincera". A sinceridade se vincula a uma atitude interior definida, a um comportamento decidido da pessoa com relação a si mesma e aos outros. Ela também se vincula ao fato de que nós temos de assumir a responsabilidade por nossas ações e também por nossas mentiras. Talvez muitos tenham medo de que essa atitude signifique um relativismo sem limites, ou até mesmo vejam nela uma defesa da falsidade. Esses medos podem ser compreendidos a partir da história do desenvolvimento pessoal de cada um e, sem dúvida, também se vinculam ao fato de que sempre queremos saber com exatidão o que devemos fazer e o que não. Mas em todos nós também existe um profundo conhecimento interior sobre o que é o comportamento sincero — podemos chamar isso de "voz interior" ou consciência — que, apesar de todos os conflitos de valores, representa uma instância protetora interior. A capacidade de distinguir entre a mentira e a verdade é também o principal requisito para que possamos desenvolver o prazer de mentir: se tudo o que fazemos e dizemos tivesse o mesmo valor, nós não poderíamos sentir prazer em transgredir os limites, em brincar com a verdade. Em cada um de nós existe um senso moral inato de origem natural, que não é inculcado pela educação, mas sim moldado socialmente. Sabemos pela pesquisa com crianças e recém-nascidos que a criança ainda no período de amamentação já tem uma tendência a demonstrar sentimentos de gratidão e empatia. Elas tentam por iniciativa própria agradar aos pais. Se esse comportamento cair em terra boa, um sentimento moral definido se desenvolverá. Isso significa que em todos nós existe uma sensibilidade ética, embora muitas vezes oculta sob a sombra do egoísmo ou de conflitos.

Todos nós precisamos de espaços de liberdade que nos deixem à vontade para lidar com a vida sem grandes tensões. Mentir e enganar — atitudes que estão entre os produtos da solidariedade e da solicitude — são habilidades que precisam ser aprendidas e às vezes também exigem humildade, quando se trata de preservar a auto-estima ou de impedir que alguém se magoe. O mundo se torna muito mais rico do que imaginamos, quando sentimos a vitalidade do inconsciente como uma riqueza, em vez de amaldiçoá-la. A mentira, assim como a verdade, apresentam uma variedade inesgotável — tanto quanto a dos seres humanos. No entanto, existem sinais e indicadores que podemos seguir para vincular a verdade ao bem.

O melhor método para encontrar soluções para cada situação é sempre a sinceridade e a defesa da própria verdade, da própria dignidade e do próprio modo de ser. A sinceridade não significa que devemos sempre dizer tudo; também não significa grosseria ou espontaneidade irrefletida. Ela pode se equiparar à sagacidade e à capacidade de compreender os sentimentos dos outros. A sinceridade só pode ser conseguida por meio da intuição, e não pelo esforço da reflexão ou por raciocínios complexos, que freqüentemente se revelam como refúgios precários. O melhor método é sempre uma espécie de sensatez, ou "faro" orientado pelo coração, que permite perceber a natureza de cada situação. Assim, costuma-se dizer nas comunidades da região do Pacífico: "Se você quer saber de que modo deve dizer a verdade, comece a cantar". Nessas antigas culturas as pessoas sabem há muito tempo que a vida verdadeira pede que deixemos o coração falar. E coração significa "cordialidade", isto é, amor ao próximo. Para concluir, eu gostaria de dar a palavra a Albert Camus. Que ele fale por mim: "O homem deve deixar seus princípios para os poucos momentos de sua vida em que os princípios são importantes; nos outros momentos é suficiente um pouco de compaixão".[2]

---

2. Camus, Albert, citado por: Zink, Jörg, *Wie wir beten können*. Stuttgart, 1991, p. 65.

COMO CONFIAR EM SI E VIVER MELHOR

NORMAN VINCENT PEALE

Eis alguns capítulos dêste livro: *Um Processo Antigo, Mas Sempre Novo, de Libertar as Fôrças — Não Guarde Suas Dificuldades Consigo — Como se Desembaraçar do Complexo de Inferioridade — Como Conseguir Serenidade na Vida — Como Conceber o Caminho para o Êxito — Oração, a Mais Poderosa Forma de Energia — Esqueça os Fracassos e Continue para a Frente — Como Libertar-se do Medo — Como Conseguir Fôrças e Energia e Ser Eficiente — Como Evitar Irritações e Agitações — Como Conseguir a Felicidade no Casamento — Como Enfrentar o Sofrimento — Modificando-se os Pensamentos, Modifica-se Tudo.*

Norman Vincent Peale é professor do "New York's Marble Collegiate Church", de Nova Iorque. Considerado na América do Norte como o ministro dos "milhões de ouvintes" e como doutor em "terapêutica espiritual", tornou-se popular através de sua colaboração na imprensa, rádio e televisão e pelos admiráveis volumes em que vem reunindo o melhor da sua constante pregação, particularmente aquela que desde 1937 mantem num dos mais ouvidos programas radiofônicos dos Estados Unidos. Milhares de consultas chegam-lhe diariamente de todos os recantos do Mundo. E milhões de pessoas já lhe agradeceram os conselhos e sugestões que as levaram a reencontrar a felicidade perdida.

★

EDITORA CULTRIX

Conhecer para Ser

Angela Maria La Sala Batà

Este livro apresenta, de uma maneira muito particular, algumas verdades fundamentais do esoterismo. Elas são tratadas não apenas como teorias, mas como um meio de aprendizado e de desenvolvimento interior.

A autora coloca em evidência a verdadeira função do conhecimento, que não deve se resumir a um saber intelectual mas representar um estímulo e uma "alavanca" para o despertar da consciência. O verdadeiro conhecimento, que não parte apenas da mente, mas também do coração e da intuição, tem esse poder evolutivo e transformador. Sobretudo o conhecimento das antigas leis esotóricas tem esse poder, pois é fruto da intuição, de experiências interiores e de variadas e importantes realizações. Por isso mesmo, contém uma força viva, dinâmica e atuante, que faz com que as teorias se transformem em consciência e em experiência.

* * *

Da mesma autora, a Editora Pensamento publicou, entre outros, os seguintes títulos: *O Desenvolvimento da Consciência, O Eu e seus Instrumentos de Expressão, Guia para o Conhecimento de Si Mesmo, O Eu e o Inconsciente, À Procura da Verdade, Medicina Psico-Espiritual* e *O Espaço Interior do Homem*.

EDITORA PENSAMENTO

A AUDÁCIA DE VIVER

Arnaud Desjardins e *Véronique Loiseleur*

Arnaud Desjardins, que já foi um viajante incansável, diretor de filmes para a televisão sobre as espiritualidades vivas do Oriente, filmes que marcaram época, autor de quinze livros cujo impacto não pára de crescer, vive hoje no sul da França, onde se dedica a transmitir o que lhe foi ensinado.

Por que os seres humanos têm medo de morrer? Porque não viveram de fato. E que maldição os impediu de existir plenamente a não ser o medo de viver?

Não há dúvida de que a nossa civilização em nada nos ajuda a ousar ser e a exprimir aquilo que realmente somos, apesar de sua aparente permissividade.

A importância exagerada que a nossa sociedade atribui aos valores puramente intelectuais e ao saber abstrato não favorece o cultivo nem o desenvolvimento do sentimento. A proliferação de modelos, muitas vezes efêmeros e superficiais, propostos pelos meios de comunicação contribui para essa confusão. É cada vez mais difícil conseguir ser o que se é, e não uma imitação. Além disso, muitas pessoas só se empenham pela metade na aventura da existência; elas avançam com timidez, tomadas por um sentimento de frustração, sem saber de onde podem extrair a simples coragem de ser.

Seguindo a linha das obras precedentes escritas por Arnaud Desjardins, *A Audácia de Viver* pretende ser um apelo a uma vida plena, uma vida intensa, de acordo com as condições de cada um de nós. O livro se dirige a todos os homens e a todas as mulheres que aspiram encontrar ou reencontrar em seu próprio ser a audácia de viver.

EDITORA PENSAMENTO

COMO SUPERAR NOSSAS BARREIRAS

Psicologia Prática Esotérica

Will Parfitt

Não podemos caminhar através das paredes, mas podemos atravessar as barreiras emocionais que construímos à nossa volta e dentro de nós mesmos.

Como Superar Nossas Barreiras apresenta uma nova visão da psicologia esotérica, embora tenha suas raízes solidamente fincadas na verdadeira tradição dos mistérios ocidentais. Este é um livro que poderá ajudar cada um de nós a assumir o processo de autotransformação e a tornar-nos donos do nosso destino.

Lendo-o, não só aprenderemos como superar nossas barreiras internas, como também iremos gostar do processo aqui visualizado. O autor apresenta uma descrição clara e abrangente das diferentes dimensões da consciência em que vivemos. Ao entrar em contato consciente com essas dimensões e ao experimentá-las, o significado da nossa vida torna-se mais claro e teremos feito grandes progressos na jornada pessoal de busca interior.

EDITORA CULTRIX